中青年经济学家文库

山西省“1331工程”重点创新团队建设计划（2017）阶段性成果

基于不确定信息的DEA交叉效率评价研究

吴美琴　著

中国财经出版传媒集团

图书在版编目（CIP）数据

基于不确定信息的 DEA 交叉效率评价研究/吴美琴著.
—北京：经济科学出版社，2019.8
ISBN 978-7-5218-0781-3

Ⅰ.①基… Ⅱ.①吴… Ⅲ.①管理学-研究 Ⅳ.①C93

中国版本图书馆 CIP 数据核字（2019）第 197977 号

责任编辑：刘 莎 张庆杰
责任校对：靳玉环
责任印制：邱 天

基于不确定信息的 DEA 交叉效率评价研究
吴美琴 著
经济科学出版社出版、发行 新华书店经销
社址：北京市海淀区阜成路甲 28 号 邮编：100142
总编部电话：010-88191217 发行部电话：010-88191522
网址：www.esp.com.cn
电子邮件：esp@esp.com.cn
天猫网店：经济科学出版社旗舰店
网址：http://jjkxcbs.tmall.com
固安华明印业有限公司印装
710×1000 16 开 13.5 印张 160000 字
2019 年 9 月第 1 版 2019 年 9 月第 1 次印刷
ISBN 978-7-5218-0781-3 定价：49.00 元
（图书出现印装问题，本社负责调换。电话：010-88191510）
（版权所有 侵权必究 打击盗版 举报热线：010-88191661
QQ：2242791300 营销中心电话：010-88191537
电子邮箱：dbts@esp.com.cn）

前　　言

数据包络分析（data envelopment analysis，DEA）是一种非参数生产分析方法，它被广泛应用于决策单元（decision making units，DMUs）的绩效评价。对于经典的 DEA 方法，普遍认为存在一些缺陷，如只能将被评价决策单元区分为有效单元与非有效单元，不能进一步对决策单元进行优劣排序；经典的自评体系会提高对自身评价有利的指标权重而忽略对自身评价不利的指标权重，从而造成评价效率值过高的问题。

为了解决这一问题，学者们提出使用 DEA 交叉效率评价方法。交叉效率方法有效结合了自评和他评体系，不但可以给所有的决策单元进行完全排序，而且还能有效解决存在部分极端权重的问题，从而避免评价效率值过高的现象。但是交叉效率方法依旧存在一些不足，如交叉效率的权重仍然经常存在很多组解的情况，从而使交叉效率值的随意性较大，通常为了便于处理往往仅选择一组解，导致大量有用信息的忽略；现有交叉效率方法很少考虑决策单元之间存在竞争与合作的情况，同时，决策单元很难得到有价值的信息改进自身存在的不足，使得该方法的稳定性和实用性受到了严重影响。这些不足使得评价结果不能被DMU所广泛接受，从而降低了DEA交叉效率评价方法的实用性。

本书针对交叉效率方法较少考虑决策单元之间存在的决策中权重的不确定性、竞争合作、决策单元的妥协、决策的公平等情况，综合应用信息熵、粗糙优势关系、互信息、VIKOR和博弈论等多种研究工具在交叉效率的决策单元关系确定、效率分值构造、效率分值属性赋权、分值排序等方面展开了一系列研究。

本书研究成果为不确定信息及环境下的交叉效率的计算及决策单元的排序问题提供了新的研究视角和解决途径，丰富和发展了交叉效率排序决策的理论与方法。

限于作者水平，疏漏或不妥之处在所难免，敬请读者批评指正！

摘　　要

人员考核、科研成果评价、项目评价、奖牌绩效、地区能源经济绩效评价排序是管理决策中的重要问题，这些被评价的同质单元被称为“决策单元”。当被评价系统存在多个投入和多个产出指标，并且投入和产出指标之间存在复杂或者未知的关系时，评价工作难以进行。数据包络分析（DEA）是一种非参数的数据驱动方法，在不需要事先获得明确函数形式的情况下能够对多指标数据进行评价。正是由于 DEA 具有较强的客观性优势，基于 DEA 对决策单元进行评价的方法在理论及应用研究中取得了大量的成果。

对于经典的 DEA 方法，普遍认为存在一些缺陷，如只能将被评价决策单元区分为有效单元与非有效单元，不能进一步对决策单元进行优劣排序；经典的自评体系会提高对自身评价有利的指标权重而忽略对自身评价不利的指标权重，从而造成评价效率值过高的问题。针对这些缺陷，DEA 得到更进一步的研究，产生了一些新的理论和方法。交叉效率方法则是其中典型的代表，也是 DEA 排序的重要方法之一。交叉效率方法有效结合了自评和他评体系，不但可以给所有的决策单元进行完全排序，而且还能有效解决存在部分极端权重的问题，从而避免评价效率值过高的现象。但是交叉效率方法依旧存在一些不足，如交叉效率的权重仍然经常存在很多组解的情况，从而使交叉效率值的随意性较大，通常为了便于处理往往仅选择一组解，导致大量有用信息的忽略；现有交叉效率方法很少考虑决策单元之间存在竞争与合作的情况，同时决策单元很难得到有价值的信息改进自身存在的不足，使得该方法的稳定性和实用性受到了严重影响。另外，在实际问题中，由于经济现象及经济规律本身的随机性的影响，以及测量误差、数据噪声等限制，或者为了不丢失某些重要的信息，使得决策单元的效率分值往往不能精确测定。因此，不确定条件下的系统效率评价一直是DEA理论研究的前沿，具有重要的理论和实践意义。本书在现有研究的基础上，针对交叉效率方法较少考虑决策单元之间存在的决策中权重的不确定性、竞争合作、决策单元的妥协、决策的公平等情况，综合应用信息熵、粗糙优势关系、互信息、VIKOR和博弈论等多种研究工具在交叉效率的决策单元关系确定、效率分值构造、效率分值属性赋权、分值排序等方面展开了一系列研究。本书共有八章，主要研究成果如下：

（1）第二章针对决策单元互评阶段权重的不唯一性问题，提出了将博弈论与奇异指数引入交叉效率从而确定权重及效率分值。首先通过互信息的大小明确决策单元之间的竞争或者合作关系。基于博弈论，在DEA互评阶段决策单元必然会表现出不同的偏好，对盟友和对手会采取不同的评价策略，而投入产出数据相似的单元具有相似的权重策略。同时，对于被评价者，决策者考虑的是如何能既充分认可其表现，又能广泛集中民主意见。自评结果与同行评价结果越一致，说明最终评价结果越可靠。最终在考虑单元竞争与合作的基础上进行了互评权重及效率分值的计算，得到平均的竞争合作交叉效率。选取了中国 16 家银行 2007 ~ 2014 年的数据，构建评价指标，评价结果表明国有银行由于其特质相似，因此被分在同组内，并将排序结果与相关方法进行比较，证明了该方法评价结果的更广泛接收性。

（2）第三章针对决策单元交叉效率集结中简单的平均化问题，考虑到交叉效率集结中的权重主观性及排序稳定性、结果可接受性问题，引入优势关系对决策单元效率分值进行优劣分类，提出了基于粗糙集理论及序数型有向距离指数的 DEA 效率集结模型。DEA 交叉效率分值是决策单元之间自评与互评的基础上的集结结果，通常要获得每个决策单元的权重，而现有的权重测度方法易受到主观因素影响，评价结果不易被决策单元接受。基于优势关系的属性约简首先能对决策单元构造的决策表中的重要特征（评价单元）进行提取，在保持自互评交叉效率信息系统分类能力不变的前提下，删除其中不相关或不重要的属性，从而在关键属性上实现了对决策单元的排序，使得排序结果更稳定、易接受。进一步提出了序数型有向距离指数并证明了其相关性质，基于此实现了非关键属性上的决策单元的排序。并基于中国 16 家银行的数据证明了方法的有效性。

（3）第四章针对交叉效率集结中评价者的偏好问题及单值交叉效率系统中效率分值信息不完全特征，将决策单元的单值效率分值扩展到区间数情形。由于基于仁慈型与进取型交叉效率获得的效率值均为精确数据，但两种规划的结果无法保证排序的一致性，且往往无法进行选择。因此，基于上述两种规划构建了区间交叉效率分值模型。同时考虑到决策者的交流、冲突及心态会影响到交叉效率区间中的取值信息，基于VIKOR法与心态指标相结合的机制实现决策单元的排序及择优。基于中国16家银行2007～2014年的数据，研究了银行区间交叉效率下的绩效排序及择优机制，证明了该方法的有效性。结果表明，股份制银行的绩效普遍优于国有银行，而金融危机使不同银行的效率差异变大。在2008年之后，所有银行的效率特别是股份制银行随着国家的经济政策刺激而逐渐转好。

（4）第五章针对交叉效率区间值信息系统中信息不全面的问题，构建了三元效率区间模型并基于优势度与三元有向距离指数实现了效率分值的排序。为了能够体现决策者在极端评价时的效率的上下界，同时也能够体现效率评价中的中立性，在仁慈型与进取型交叉效率模型得到的效率分值区间的基础上，加入了中立交叉效率模型，使二元区间交叉效率进一步扩展到三元区间交叉效率，使用优势关系对决策单元进行综合优势度的排序；并提出了三元有向距离指数模型，证明了该模型的相关性质，并基于该指数对所有决策单元进行了全排序。最后基于中国16家银行的算例证明了方法的有效性。

（5）第六章针对交叉效率模型往往以最优前沿面为基准而忽略了最劣前沿面的问题，提出了从两个前沿面的角度进行评价，即基于“双前沿面”法的交叉效率模型。由于单前沿面下对单元进行评价的效率值较为片面，排序结果可能有较大的差异，从而很难在被评价单元之间获得认可。因此，通过在最优前沿面下计算决策单元乐观效率下的CCR效率、进取型与仁慈型交叉效率，及最劣前沿面下的CCR效率、进取型与仁慈型交叉效率，构造了六模型的综合效率模型，并基于优势关系粗糙集方法及序数型有向距离指数对该综合效率分值信息系统的决策单元进行了排序。最后基于算例证明了该方法排序的有效性。

（6）第七章针对交叉效率只考虑径向分数而忽视非径向松弛的问题，同时考虑到基于 DEA 的能源环境效率中非期望产出的处置性问题，提出了基于灰关联的径向模型与非径向模型结合的 EBM 模型。由于非径向模型具有较高的区分力及不考虑投入或产出的同比例变化，并且松弛变量能够更准确地给出决策单元改进的方向及程度。因此，可将 DEA 模型的径向特征与非径向特征结合，而灰关联能够依据投入的变化来衡量模型中的径向与非径向特征。基于经典的灰色关联度及新定义的灰色关联度来连接两部分模型，而弱可处置性保证了评价更符合实际生产过程。最后以中国 29 个省区市的能源环境效率评价为例进行了验证。

本书的研究成果为不确定信息及环境下的交叉效率的计算及决策单元的排序问题提供了新的研究视角和解决途径，丰富和发展了交叉效率排序决策的理论与方法。

目　　录

第一章

绪　　论

1.1 研究背景意义

美国著名管理学家赫伯特·西蒙（Herbert Simon）曾经说过：管理就是决策。管理还包括计划、组织、协调、控制等过程，但各个过程的执行和发展都要以决策为前提。因此，决策过程的重要性不言而喻。

科学管理和科学决策离不开科学的评价方法。

数据包络分析法（data envelopment analysis，DEA）就是在这样的时代背景下出现的，该方法由查恩斯、库珀和罗兹（Charns，Cooper & Rhodes）于1978年首次提出[1]，是一种“数据驱动”型用于评价一组同质实体的效率评价工具。这组同类实体被称为“决策单元”（decision making units，DMUs）。作为一种非参数的估计方法，它是运筹学、管理科学、系统科学与数理经济学交叉研究的一个新领域。DEA是一种指向前沿面的方法，与统计回归方法下希望找到回归平面不同，DEA 尝试寻找一个“浮动”的观测面，从而把所有观测数据涵盖在内，基于这个观点，DEA 更善于揭示其他方法所隐藏的数据之间的联系。与其他效率评价方法相比，DEA 方法最为显著的优势是不需要考虑投入产出之间的生产函数关系；同时，不需要预先估计任何参数或权重，投入与产出变量的权重通过求解相应的 DEA 模型而获得，在很大程度上避免主观因素对于效率评价的影响。

自助法（bootstrapping）与两阶段分析、非期望产出、交叉效率与排序、网络 DEA、动态 DEA 及 SBM 均为 DEA 研究中的前沿问题。其中，交叉效率的概念最早由塞克斯顿（Sexton）等人提出[2]，但是由多伊尔和格林（Doyle & Green）对多种 DEA 交叉效率方法进行再检验后才逐渐得到学者的重视[3]。该模型在传统 DEA 模型自评的基础上引入了互评的概念从而增加了模型的区分力。该方法能够有效地对决策单元进行排序，因此得到了广泛应用。

基于 DEA 排序的方法层出不穷，但是基于传统 DEA 模型进行排序仍然有较多缺陷，如传统效率值只能将决策单元进行两种区分，即有效或无效，不具备对决策单元进行排序的能力；另外，计算效率值时采用对决策单元自身评价最有利之权重，即以自评为主，而不考虑他评因素，造成评价结果夸大长处，不易被接受。由于存在上述问题，DEA 模型不断地得到改进和完善。其中，以塞克斯顿提出的交叉效率为典型代表，该方法在传统模型自评的基础上，引入了互评体系，通过依据全局判断最优的 DMU 并进行排序，因此，交叉效率评价方法在绩效评价及决策单元排序方面有着广泛的应用。如护理之家效率评价、银行效率评价、R&D 项目选择[4]、柔性制造系统（FMSs）[5]、工业机器人[6]、偏好投票和项目排序[7]、单元布置评价[8]、电力分配整体效率识别[9]、在单元式制造系统中的最佳工作指派决策（CMS）[10]、奥运会金牌效率评价[11,12]、供应链中的信息共享效率评价[13]等。总之，交叉效率方法有效结合了自评和他评体系，能有效解决部分极端权重的问题，避免评价效率值过高；可以给所有的决策单元进行完全排序。但是交叉效率方法依旧存在权重具有很多组解的情况，往往仅选择一组解会造成交叉效率值的随意性比较大、排序结果的不同、大量有用信息的忽略，而且现有交叉效率方法很少考虑决策单元之间的竞合关系，很难得到有价值的信息来改进自身存在的不足，因此，需要深入的研究。

1.2

DEA 理论简述

数据包络分析是运筹学、管理学与数理经济学的交叉研究领域。数据包络分析是基于多投入与多产出评价决策单元相对有效性的非参数方法，也是估计生产前沿面的有效方法。其优势是不需预先知道这些投入与产出权重的先验值，不需要考虑投入产出之间的函数关系，避免了主观因素。正是 DEA 的这种独特优势，使得其在 40 年里得到了广泛的研究和应用，取得了大量的理论研究和实践应用成果。利用该方法，可以对若干同质或相似的决策单元进行评价、分类和排序以及进行资源分配、投资组合等问题的研究。

1.2.1 效率评价的概念

1.2.1.1 决策单元（decision making unit，DMU）

DMU是DEA模型评价的对象，是利用一定数量“投入”转化为一定数量“产出”的个体，并在这一过程中以效率最大化为目标。决策单元或者为经济系统，或者为生产过程，可以指一个学校、医院、省份、银行或者是企业中的一个部门等，可以是营利组织也可是非营利组织。一般而言，DEA研究的为同质的决策单元，具有共同的特征，如相同的投入产出指标、外部环境、目标和任务。另外，同一个决策单元的不同时期也可以视为同类决策单元。同质性保证了决策单元之间的可比性和评价结果的公平性。窗口分析正是把每个决策单元的不同时期看作不同的决策单元。

1.2.1.2 投入、产出（input，output）

投入是指决策单元在生产活动中消耗的物力、财力、人力等量，产出是通过消耗这些投入而得到的生产出的物质的量。数据包络分析方法主要依据这些投入及产出数量来评价决策单元的相对优劣。

1.2.1.3 生产可能集（production possibility set）

DMU通过生产过程，将投入向量X转化为产出向量Y，则生产活动可表示为（X，Y）。

定义 1.1[14]　集合即生产可能集 T = {(X, Y)：投入 X 可以产出 Y} 为所有可能的生产活动构成的生产可能集合。

一般假设生产可能集满足如下公理体系（Banker et al.，1984[15]；盛昭翰等，1996[16]；魏权龄，2004[17]）：

（1）平凡性公理：即（X，Y）∈T，表明投入 X 产出 Y 的生产活动属于生产可能集中的一种生产组合。

（2）凸性公理：对任意的（X，Y）∈T，（$\hat{X}$，$\hat{Y}$）∈T，且 α∈[0，1]，均有：α(X，Y) + (1 − α)($\hat{X}$，$\hat{Y}$)∈T，表明如果将 X 的 α 倍、$\hat{X}$ 的 1 − α 构成新的投入，则产出也是二者同比例的组合。表明了生产可能集 T 是一个凸集。

（3）锥性公理：对任意的（X，Y）∈T，且任意实数 k≥0，均有：k(X，Y)∈T，表明如果投入 X 变成原来的 k 倍，则产出 Y 也将变成原来的 k 倍。

（4）无效性公理：对任意的（X，Y）∈T，$\hat{X}$≥X，$\hat{Y}$≤Y，均有（$\hat{X}$，$\hat{Y}$）∈T，表明在原有生产活动的基础上，增加投入或减小产出均是可能的生产集合。

（5）最小性公理：表明生产可能集需要同时满足公理（1）~公理（4），是上述四个公理所表示集合的交集。

实质上，对应于不同的 DEA 模型，会有不同的生产可能集，每种生产可能集的形式及满足的公理体系也略有不同。

1.2.1.4　生产前沿面（production frontier）

生产可能集的边界线被称为生产前沿面，表示一种最佳的生产状态，可以用来描述最佳的投入产出关系。因此，生产前沿面是包络生产可能集的一条曲线，决策单元相对于生产前沿面的最佳投入与产出的比率可以表示各决策单元的效率，判断一个DMU是否为DEA有效，就是判断该DMU是否落在生产可能集的生产前沿面上。

1.2.1.5 DEA效率与生产率

DEA效率只是一种相对效率，一般而言，DEA效率是静态效率，它体现了某一时刻的产出与投入关系，每种DEA模型都有其特定的生产可能集。

法雷尔（Farrell）[18]在德布鲁（Debreu）[19]和库普曼斯（Koopmans）[20]等学者的研究基础上，提出了在多投入下的企业效率评价的概念，并进行了技术效率测量：

$$企业效率 = \frac{实际产出水平}{前沿产出水平}$$

这是因为在经济学中，常用的指标如“单位成本”等无法同时测试多个投入的效率，法雷尔指出，仅对单独的某一种投入构造平均生产率而忽略其他投入或产出投入的加权平均之比作为效率测度都是不合适的。他提出了一种适合任何生产机构的行为分析方法，将生产率的概率扩展为更一般的“效率”概念。法雷尔认为，生产单元的经济效率（economic efficiency，EE）包括技术效率和配置效率两部分。其中，技术效率指在给定一组投入要素不变的情况下，一个生产单元的实际产出量同理想状态下的产出量之比。如果实际产出与最大产出之间存在差距，则说明该生产单元是非技术有效的。配置效率则表示在产出量固定及技术有效的前提下，生产单位的最小成本与实际成本之比。技术效率代表在既定投入下，基于现有技术获得的最大产出能力，配置效率反映了在既定的价格水平和生产技术条件下，生产单元最优配置投入要素的能力。在法雷尔的基础上，查恩斯等人提出了多个投入、多个产出的效率评价。法埃尔和格罗斯考普夫（Färe & Grosskopf）[21]及法埃尔、格罗斯考普夫和洛弗尔（Färe，Grosskopf & Lovell）[22,23]对企业效率评价进行了深入的研究。

规模效率的定义基于CCR效率与BCC效率。CCR效率值称为全局技术效率、BCC效率值称为局部纯技术效率，两者的比值为规模效率。

有效的概念进一步可划分为有效和弱有效，DEA通常用加法模型来判断决策单元是有效还是弱有效。

1.2.2 效率评价的思想

图1.1以两种投入 x_1 与 x_2、产出为y的五个决策单元为例，说明DEA效率的基本分析原理。由图可见，生产前沿面是一系列的分段线段组成的等产量线的组合，除DMU E属技术无效外，其他单元都位于生产前沿面上。

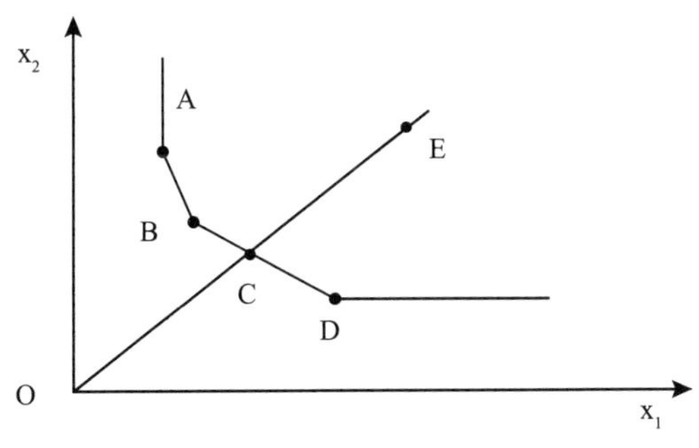

图1.1 DEA效率评价思想

1.3 研究现状

1.3.1 基于DEA理论排序方法的研究现状

艾德勒（Adler）[24]回顾了基于DEA的6种排序方法：

（1）超效率方法（super-efficiency method）。该方法首先由安德森和彼德森（Andersen & Petersen）[25]提出，思路是将待评价DMU从参考集合DEA对偶线性规划中剔除后再评价其效率。超效率模型允许被评单元的效率值大于1，从而有利于区分单元，实现全序化。末吉俊幸（Sueyoshi）[26]、塞福德和朱乔（Seiford & Zhu）[27]对该方法进行了更加深入的研究。

（2）标杆排序法（benchmarking-based method）。这种方法由查恩斯等人[28]提出，后来又得到托格森等人（Torgersen et al.）[29]的进一步推广和发展。基于标杆排序法的实质是利用有效DMU被所有非有效DMU参考的总次数作为对有效DMU排序的依据，被参考的总次数越多，说明该有效DMU成为其他非有效DMU参考目标的次数也越多，从而重要性越高，排序就越靠前。

（3）基于统计方法的DEA排序（multivariate statistical techniques）。该方法将统计方法的相关理论运用于DEA的理论体系之下，比如在DEA的基本理论框架之下，斯纽尼－斯特恩等人（Sinuany－Stern et al.）[30]使用线性判别分析、弗里德曼和奇拉（Fiedman & Zilla）[31]使用典型相关分析对决策单元进行排序。

（4）无效单元的排序方法（proportional measures of inefficiency）。主要以巴德汉等人（Bardhan et al.）[32]提出的无效占优测度法（measure inefficiency dominance）为代表。

（5）基于多目标决策方法的 DEA 排序方法。这种方法主要是将偏好信息和多目标决策与 DEA 方法相结合，以实现对所有决策单元的完全排序。库克和克雷斯（Cook & Kress）[33]等基于此方法进行了研究。

（6）交叉效率排序方法。交叉效率评价方法是基于 DEA 理论对决策单元进行优劣排序的方法。传统 DEA 方法允许每个决策单元选择可以最大化其效率值的最有利权重集合，因此每个决策单元总是极大化对自身有利的投入产出权重，而最小化不利权重，根据这样的思路计算出的效率值较为偏颇，同时也难以实现决策单元的全序化。塞克斯顿等人、多伊尔和格林等人[34]提出了以交叉效率为基础的排序方法，并引入不同的二次目标来解决交叉效率权重的非唯一性。梁樑等人（Liang et al.）[35]提出了 DEA 博弈交叉效率模型，并得到其纳什（Nash）均衡解，对传统交叉效率方法在很大程度上做了改进。

除此之外，还有许多 DEA 排序方法没有归于上述六类之中，如双前沿面的 DEA 效率排序，贾汗沙鲁（Jahanshalhloo）[36]的最差效率前沿法，梅拉宾等人（Mehrabian et al.）[37]基于松弛的排序法。

1.3.2 交叉效率研究现状

传统的效率评价模型（如CCR模型）基于自评的思想，即每个被评价单元总是选择有利于自身评价效率的一组权重，而忽略了其他被评价单元对该单元的评价，不具有可比性；同时，由于权重选择的灵活性，可能存在多于一个单元被评价为有效，即对单元的区分能力较差，不能将被评价单元全序化。

交叉效率在计算效率时不仅考虑了自身的最优权重，同时也考虑了其他被评价单元的最优权重，从而增加了单元之间的可比性，提高了区分能力。尽管交叉效率方法有很多优点，但是也有一些缺点：第一，在互评阶段，由于CCR模型不同的计算软件会得到不同的最优权重[38]，且所得权重不唯一，使交叉效率分值不唯一；第二，在效率集结阶段，算数平均方法假设各单元相互独立且重要性相同，而现实决策中这一条件很难满足，那么交叉效率分数就会产生较大的随意性。

从以上两个问题看出，交叉效率评价的主要问题是DEA权重的非唯一性，权重的多样性会造成互评时单元存在多个效率分值，从而导致不同的排序结果。因此，关于交叉效率的一个研究路径是采用一系列的可代替的二次目标来改进交叉效率评价。同时产生的问题是，交叉效率评价中由于二次目标的可替代性会产生不同的权重从而得到不同效率分值，需要选择合适的附加准则或二次目标函数来得到适合的权重。塞克斯顿等人在1986年提出了若干种方法通过求解二次目标来解决权重的非唯一性。多伊尔和格林[39]提出了一组公式解决塞克斯顿模型中权重的非唯一性，实际上也是附加了一些权重选择的准则，它包含两种方案，分别是仁慈型与进取型，这些二次目标能够确定权重的取值。所谓仁慈型策略是指找到一组权重，不仅最大化自身效率，同时也会最大化其他单元的平均效率；而进取型策略则相反，它的最优权重在最大化自身效率的同时会最小化其他单元的平均效率。安德森等人[40]发现了只有一个投入时交叉效率的固定权重特点，并用算例表明了这样的固定权重是不实际的，孙逊和卢文民（Sun & Lu）[41]提出了一个 cross-efficiency profiling（CEP）模型来分别评价每种涉及相关产出的投入，薄乔萍、陈天惠和张秀云（Bao，Chen & Chang）[42]提出了从 DEA 松弛角度分析交叉效率的评价，吴杰（Wu）[43]提出了改进的仁慈型交叉效率模型并构建了模糊偏好关系进行了 DEA 的排序。梁樑、吴杰、库克和朱乔（Liang，Wu，Cook & Zhu）[44]提出了 3 个交叉效率二次目标模型。梁樑、吴杰、库克和朱乔将交叉效率概念扩展到博弈交叉效率，并且提出了纳什平衡求解的迭代算法[45]。吴杰、梁樑和陈遥（Wu，Liang & Chen）提出了一个通过增加约束的 DEA 博弈交叉效率模型避免规模报酬可变情况下产生负交叉效率值，并应用其进行了奥林匹克奖牌的排序[46]。吴杰、梁樑、杨锋和阎洪（Wu，Liang，Yang & Yan）提出了一个讨价还价博弈模型进行交叉效率的评价，每个 DMU 均被看作独立的参与者，通过使用经典的纳什均衡讨价还价博弈模型来获得最优解与交叉效率解之间的讨价还价解[47]。吴杰、梁樑、查勇和杨锋（Wu，Liang，Zha & Yang）提出了一个混合整数规划模型进行交叉效率求解得到最佳 DMU 排序[48]。王应明（Wang）[49]也使用了一系列的第二目标对其进行了扩展。林晟默（Lim）[50]的文章也是类似的思路。除此以外，王应明、钱桂生和罗英（Wang，Chin & Luo）[51,52]提出“中立”的DEA模型，基于理想点与非理想点来计算效率，每个单元只从自身的观点决定权重，忽略它们对别的单元的影响，减少产出权重为0的数量；拉蒙等人（Ramón et al.）[53,54]沿袭了王应明的思路。王应明、钱桂生和姜鹏（Wang，Chin & Jiang）[55,56]扩展了前述的模型，在交叉效率评估中同时考虑投入和产出权重。厄尔克和巴尔（Örkcü & Bal）[57]提出了将目标规划方法引入到交叉效率中。阿尔卡拉斯（Alcaraz）[58]提出了一个新思路，即不需要选择确定权重的方法从而给出了对于每个DMU的所有可能的排序范围。多伊尔和格林在交叉效率评价基础上，提出了奇异指数的概念，用其来衡量决策单元自评价值和他评价值之间的偏差[59]。这是因为在社会评优活动中，人们考虑更多的是评价结果能否被广泛接受。对于被评价者，决策者考虑的是如何能既充分认可其表现，又能广泛集中民主意见。当然，自评结果与同行评价结果越一致，说明最终评价结果越可靠。这里将借鉴社会评价活动中的一些思想，从两个方面对交叉效率评价进行重新考虑。

关于交叉效率的另一个研究路径是在效率集结阶段，常将集结问题看作多属性决策问题，李晓柏和雷韦斯（Li & Reeves）[60]使用了多准则模型来排序DMU，该方法称为多准则DEA模型，有三个目标函数，第一个是用来获得CCR或者是BCC模型的最优解，另外两个目标函数是最小化所有离差变量中的最大值与最小化离差之和。巴尔等人（Bal et al.）[61]结合了投入产出权重的变量系数到CCR模型的目标函数中，但由于投入产出权重是从不同维度和单元获取的，无法简单相加，而且由于模型是非线性的，可能会导致局部最优解。后来，巴尔等人将李晓柏和雷韦斯提出的 MCDEA 模型转变为目标规划模型来区分有效的 DMUs[62]。吴杰等人[63]将合作博弈理论引入到交叉效率的集结中，在计算各决策单元 Shapley 值的基础上求出最终的交叉效率；安吉斯等人（Angiz et al.）[64]提出次序优先模型，先根据交叉效率矩阵得出排名矩阵，再根据各单元自评效率的优先次序计算交叉效率集结权重；杨锋等人[65]考虑到集结过程中存在的决策者主观偏好问题，先为所有决策单元构建效率区间，再利用随机多准则可接受度分析法确定全局交叉效率；王应明等人[66]通过有序加权平均（OWA）算子整合交叉效率；鲁伊兹（Ruiz）[67]提出了使用加权平均而非算术平均来计算交叉效率；吴杰等人[68]通过将交叉效率矩阵转化为熵矩阵，在使他评值的熵和自评值的熵距离尽可能小的目标下，得到一组熵权重以集结出最终的交叉效率值；孙加森[69]在交叉效率模型中通过构建和求解所有决策单元的距离熵函数的多目标决策模型来确定决策单元的集结权重；杨国梁等人（Yang et al.）[70]则通过将交叉效率矩阵视为相互独立的证据，再基于证据推理方法（ER）对交叉效率进行集结；王应明等人[71]从差异性及偏离度等方面出发，提出了三种不同方法以确定各交叉效率元素的相对重要性权重。李春好等构建了基于交叉评价策略的 DEA 全局协调相对效率排序模型[72]。

另外，传统 DEA 模型评价每个单元的相对效率时，获取的投入产出权重都是为了最大化自身的效率，即为最优前沿面（乐观角度）下的效率。帕坎等人（Parkan et al.）[73]提出了从最劣前沿面（即悲观角度）考量 DMU 的表现。乐观效率和悲观效率测量了同一个 DMU 在不同角度下的效率，这样获得的评价比单独从一个角度考虑时的评价更全面，这样的方法称之为“双前沿面”法。最先提出从乐观和悲观两个角度去评价决策单元表现的是多伊尔等人[74]。此后，圆谷（Entani）[75]提出了新模型来计算效率区间；阿齐兹（Azizi）[76-79]对区间模型进行了分析和计算。在双前沿面形成的效率区间的整合问题中，王应明[80]对双前沿面下的最优生产规模等进行了定义和分析；文献[81-83]对模糊数、区间数进行了效率的计算，文献[84]将乐观与悲观的几何平均作为排序准则，梁樑等人[85]通过假设效率值服从均匀分布，计算两个区间优劣的可能度作为排序准则，吴杰等人[86]结合 DEA 和 TOPSIS 法，通过优化模型将权重的主观赋值变为客观计算来进行排序。

1.3.3 多属性决策分析的相关研究

包含多个准则的决策问题成为多准则决策（multi-criteria decision-making，MCDM），广泛应用于实际问题中。黄庆来和约昂（Hwang & Yoon）将多准则决策问题分为多属性决策和多目标决策两类[87]。在实际应用中，选择、排序、分类和评价等问题使用多属性决策方法；规划和设计问题则使用多目标决策方法。

多属性决策问题可描述为：对一组可选方案 A_1，A_2，…，A_m，每个方案包含 n 个属性 C_1，C_2，…，C_n。各属性的重要程度即权重用 w_1，w_2，…，w_n 表示，并满足 $\sum_{j=1}^{n} w_j = 1$，其中 $w_j \geq 0$，$j=1, 2, \cdots, n$。决策的目的是对方案 A_1，A_2，…，A_m 进行排序或择优。

关于多属性决策的方法较多，基本可分为基于加权集成算子的方法[88]、基于正负理想点的方法[89]、基于证据理论的决策方法[90]、基于粗糙集的方法[91]、基于熵的方法、基于线性规划与非线性规划的方法、基于模糊偏好的决策方法、基于聚类的方法等。

粗糙集理论[92]是近年发展起来的一种处理不精确性的软计算工具，由于在大数据处理方面存在明显优势，它已被成功地应用于人工智能、数据挖掘、模式识别与信息处理等领域[93]。基于粗糙集的属性约简是粗糙集理论的核心问题之一。作为一种数据驱动型方法，它能够在保持信息系统分类能力不变的前提下，删除其中不相关或不重要的属性，导出问题的分类能力或决策规则，可以使知识表示简化，又不丢失基本信息。经典粗糙集理论是在完备信息系统中的等价关系上建立起来的，然而根据实际决策问题所建立的信息系统，可能会遇到具有偏好信息的属性或元素，这时等价关系不适用了。考虑到实际多属性问题中指标值呈现出一种序的结构，即对每个条件属性值域，决策属性值域有一个偏序关系，例如质量的好坏、股票的优劣。格雷科（Greco）[94]将优势关系代替经典的等价关系提出了基于优势关系下的粗糙集模型（dominance based rough set approach，DRSA）。同样地，序信息系统中的粗糙集不需要提供问题所需处理的数据集合之外的任何先验知识，能较客观地处理问题。因此与概率论、模糊数学和证据理论等其他处理不确定或不精确问题的理论有较强的互补性。并将其形成算法应用到多准则决策的分类与排序中，为解决含有偏好信息的多属性决策提供了思路，同时能更贴近、更准确地反映多属性问题的实质。DEA 中最终交叉效率分数的计算正是对多属性评价决策的集结，使用粗糙模型可以从数据本身特征出发得到综合评价结果。

熵最早由德国物理学家克劳修斯（Clausius）于19世纪50年代提出。在热力学和统计物理学中常有应用。香农（Shannon）将信息中排除冗余信息后的平均信息量定义为“信息熵”。信息熵是有效地度量指标的信息含量、信息结构、不确定性的工具[95]。作为属性重要性的度量标准，其最大的优势在于不需要预先假设数据分布已知，且对于属性间存在的非线性关系也能够有效刻画。考虑到信息的补集增益，梁吉业等人（Liang et al.）提出了互补熵等概念[96]。熵权法则是一种可以用于多对象、多指标的综合评价方法，其评价主要依据客观资料，可以在很大程度上避免人为因素的干扰。

在多准则决策方法中，由奥托卡维奇（Opricovic）提出的VIKOR方法（vlse kriterijumska optimizacija i kompromisno resenj，也称作compromise ranking method）[97]，能够解决不可公度和冲突准则的离散型多准则决策问题，该方法能够从一组备选方案中进行最优方案的选择和排序，寻找妥协解和帮助决策者来实现最终的决策[98]，而且，它能够得到满足大多数的最大群效用及对手的最小个体后悔解。妥协解意味着通过相互让步形成的妥协解，是最接近于理想方案的可行解。另外，考虑到决策者由于自身条件及外部环境的不同，决策者会有不同的评价观点，他们能够通过调整心态指标产生方案评价策略，这样的结果更真实和可行。

1.3.4 银行效率评价的研究意义与研究现状

银行业发展是国家经济发展的重要途径，银行通过聚集和整合民间资产及进行再分配为生产部门提供生产资金[99]。多年来，中国的各银行在各种商业模式下都运作良好。尽管如此，随着国外银行在国内的日渐增加及互联网金融的逐渐兴起，中国的商业银行也面临着更多的竞争压力。因此，为了能够保持其过去所有的各种资源，中国的商业银行需要在对其自身进行客观评价及改进的基础上实现银行的进一步发展，从而获得竞争环境下的有利位置。在过去的 30 年里，伴随着世界经济的快速发展，中国的银行业也经历了一个高速发展的阶段，他们经历了伴随管理变革的前所未有的服务和产品的快速发展和创新。到 2012 年，属于中国四大行的中国工商银行、中国农业银行、中国银行、中国建设银行，是中国银行业的主导力量，位于世界市值最高的 10 所银行之列[100]。大部分的中国国有银行（SOB）和股份制银行（JSB）都提供了多种产品和服务，但仍然有其各自的差异。因此，从更宽的视角去研究中国的银行市场具有重要的意义。

中国商业银行的效率研究近年来吸引了越来越多学者的注意。关于银行效率评价有两种基本的方法：随机前沿法（stochastic frontier analysis，SFA）和数据包络分析方法（DEA）。随机前沿法需要预先建立特定的函数形式，该方法不适合于具有行业转型时期数据的分析[101]，而中国的银行业正在经历着巨大变革。因此，很多银行效率研究都采用了 DEA 方法来估计技术效率，该方法能够获得效率随时间变动的情况而不需要任何关于效率前沿面的先验假设。在中国，有两类占主导地位的银行，分别是国有银行和股份制银行。它们有着不同的运营目标和限制，表明了其本质的不同及差异。因此，中国银行效率的研究主要集中在三个方面：效率变动、国有银行与股份制银行的效率差异、金融危机和改革对银行效率的影响。

王健、金浩和梁慧超（Wang，Jin & Liang）[102]分析了中国14个商业银行从2004～2009年间的全要素生产率的变化。李镇西（Li）[103]采用DEA方法分析了中国商业银行的效率，发现国有四大行的效率远低于股份制银行。付小青和赫菲南（Fu & Heffernan）[104,105]发现中国银行业的X－efficiency显著地发生了下降，发现改革对于中国银行部门结构的影响很小。劳伦森和赵勇（Laurenceson & Zhao Yong）[106]分析了中国经营最佳的11个银行在中国进入WTO后的效率，发现它们的差异是很小的。阿里夫和坎（Ariff & Can）[107]使用DEA方法研究了中国28个商业银行在1995～2004年间的效率，结果表明股份制银行较国有银行有更高的效率，同时发现中等大小规模的银行比较小规模和较大规模的银行更有效。姜春霞等人（Jiang et al.）[108]分析了中国银行从1995～2005年间的效率，发现效率得到了改进，股份制银行较国有银行有更好的绩效。伯杰等人（Berger et al.）[109]分析了1994～2003年的中国银行业的效率，发现国有四大行的效率是最低的，林小驰和张翼（Lin & Zhang）[110]也得到了类似的结论。巴罗斯等人（Barros et al.）[111]的研究发现所有银行的整体效率在1998～2008年间都得到了改善，公司的规模和所有制不是银行效率的影响因素。阿斯米尔德和马修斯（Asmild & Matthews）[112]分析了1997～2008年间的效率波动及国有银行和股份制银行的差异。查勇等人（Zha Y. et al.）[113]分析了中国25个银行在2008～2012年间的运行效率，结果表明国有银行的整体平均效率远高于股份制银行，同时，中国银行业的平均效率从2008～2010年得到了提高，随后在2009～2012年间又发生了下降。

面对极端异常的 2008 年金融环境，中国商业银行的绩效表现胜过了世界上其他国家。事实上，上述的国有银行是世界几大银行中受金融危机影响最小的银行。为什么中国商业银行能够在危机中坚持下来，原因是中国政府进行的银行所有制改革。尽管如此，随着金融行业的国际化，中国的银行遇到了更加严峻的问题，比如，较高的不良贷款率和较低的运行效率。金融危机余波对中国整体经济及银行系统都造成了影响。袁潮清等人（Yuan et al.）[114]分析了中国的经济发展情况，并提出由于较高的对外贸易的依赖，金融危机影响了中国经济的发展。莱奥尼（Leony）[115]研究发现较低的贷款质量和资本流动性的不足使得世界金融危机对银行的运行产生了严重的影响。斯库那（Schooner）[116]发现金融系统监管体制的放松无法保障足够的流动性，金融危机影响银行系统的监管，没有足够的资本来应对银行运行的意外资金短缺。尽管运行中存在各种问题，但大部分中国的银行在遭遇危机时仍然缺乏风险意识，因此没有政策法规能够应对外部的金融风险，更不要提应对金融危机这么困难的问题了。

到目前为止，研究在金融危机时期中国银行效率的文献依然较少。理论上，这些关于银行效率的 DEA 模型可分为径向或非径向模型，也可分为一阶段或两阶段甚至多阶段模型。然而绝大部分研究都集中于 DEA 自评，即采用对自身有利的权重进行评价。很多时候，这样的权重会造成评价结果的极端性及评价的不切实际，没有考虑其他评价者对某单元的评价，忽略了评价单元之间的互评，即没有从交叉效率的角度进行评价。实际上，由于模型的差异造成关于中国银行效率的一些研究在银行所有制问题上依然存在难以厘清甚至矛盾的结果[117]。至今为止，也鲜有文献采用交叉效率模型来研究中国的商业银行的效率。而交叉效率中的自评和互评采用了不同的评价准则，从而对应了不同决策者的考虑，得到的评价结果更客观。当评价者从自利的角度进行评价时，评价者之间会相互影响，不可避免地要考虑到决策单元（准则）之间的冲突和妥协。为了对银行的效率进行客观比较，就有必要在这些可能冲突的准则之间找到平衡。此外，交叉效率区间模型考虑了每个被评价银行所有可能的效率分值，这也是对所有银行整体绩效的一个评价。正如加勒革德拉（Galagedera）指出的，交叉效率能够提供对于决策单元全局绩效的考察，基于此对银行的评价才能更客观和全面[118]。

1.3.5 环境效率评价的研究意义与研究现状

能源与环境问题制约着现代经济的发展，同时，城市化进程也带来了许多诸如环境污染、能源过度消耗的问题。在 1990 年，沙尔特格和斯图姆（Shaltegger & Sturm）引入了生态经济效率，近年来，该领域的研究也受到学者的广泛关注。生态经济效率，可看作是产品与服务的创造价值与其所带来的环境影响的比值。辛特博格（Hinterberger）关注了关于环境、能源及经济效率的本质，即对自然资源的更有效使用[119]。

传统的将非期望产出看作投入的假设不能真实地反映生产过程，而实际生产中期望产出与非期望产出之间存在着某种生产约束关系，当减少非期望产出时，期望产出也会发生变化，并依照某种关系而减少，因此，在效率评价中如何处理非期望产出是一个值得关注的问题。由于工业生产会排放废气、废水等污染物这种不受欢迎的副产品，文献中常称之为非期望产出而正常的产出则称之为期望产出。包括非期望产出在内的产出与投入之间的技术结构关系将其称为环境技术（the environmental technology）[120]。环境技术与传统的投入产出技术结构不同，在投入一定的情况下减少环境污染排放需要投入净化设备相应地会减少期望产出生产的投入导致期望产出减产。污染物与期望产出的这种特性被称为联合弱可处置性（jointly weak disposability），即期望、非期望产出在一定的技术条件下具有同比例增减特性且非期望产出是期望产出生产不可避免的副产品。在 DEA 框架下，为了恰当地处理非期望产出，这就是非期望产出的弱可处置性，也称为环境 DEA 技术。在传统 DEA 框架下有很多的方法处理非期望产出[121]。一般而言，这些方法可以分为两类。一种方法是将原始数据进行转换，再使用传统 DEA 模型，如塞福德和朱乔[122]，其他的则使用原始数据但是基于弱可处置性参考技术概念，也称作环境 DEA 技术。由于其可作为一个标准的指数用来测量环境效率水平而逐渐受到研究者的关注[123,124]。李永立[125]、泰特卡（Tyteca D.）[126]和周鹏等人（Zhou et al.）[127]研究了非期望产出弱可处置性下的一些径向或非径向的 DEA 模型。因此，在结合径向与非径向特征的 DEA 框架下，如何基于环境生产技术测量效率仍然值得研究。

1.4 本书的组织结构安排与技术路线

在第一章绪论部分阐述了选题背景、研究意义，并对相关研究展开文献综述。给出了DEA相关概念，阐述了基于DEA的排序方法，并介绍了主要研究对象——DEA交叉效率模型；其次介绍了多准则决策方法，包括优势度、粗糙集、VIKOR法等相关理论。第二章，针对权重不唯一性问题，考虑到决策单元的竞争合作关系，基于互信息研究了博弈交叉效率。第三章，针对交叉效率的可加性问题，展开基于粗糙集方法的交叉效率研究，分析单值情况下交叉效率的集成方法。第四章，针对区间数的交叉效率的可加性进行研究，研究了区间数的交叉效率的集成方法。第五章，将区间数扩展到三元区间数，对交叉效率的可加性进行了研究，提出了三元效率区间数的交叉效率的集成方法。第六章，针对交叉效率分值往往基于一个前沿面而造成的信息的忽略，基于粗糙集方法进行了双前沿面下效率的集成。第七章，针对能源、环境效率评价问题中由于追求投入或产出最大化改进时角度不同及非期望产出的强可处置假设造成的评价偏离实际生产过程、区分力差等问题，提出环境弱处置性下的基于灰关联的DEA径向与非径向综合效率模型。

本书的组织结构如图1.2所示。具体的研究内容如下：

第一章系统地介绍了DEA效率评价的理论和方法，并对DEA交叉效率的国内外研究现状进行了详细的阐述和分析，指出现有研究中存在的一些不足和亟待解决的问题。介绍了多准则决策方法，包括优势度、粗糙集、VIKOR法、信息熵等相关理论。

第二章研究了交叉效率权重不唯一性的问题。在介绍DEA效率权重确定及效率分值计算的基础上，定义了决策单元竞争与合作关系及决策单元评价的奇异性，提出了决策单元效率分值权重确定方法，并基于平均化的交叉效率对中国16家上市银行的效率进行了测算及排序。

第三章着重研究了单值效率分值情形下的基于优势度与序数型有向距离指数的DEA交叉效率分值的集结问题。对粗糙集的基本概念、辨识矩阵及优势度方法及有向距离指数进行了介绍，给出了序数型有向距离测度的定义，并证明了其相关性质。基于辨识矩阵的优势度对效率分值进行排序，并基于序数型有向距离指数给出了权重信息未知情况下的DEA交叉效率的评价方法并基于此进行了排序，最后对中国16家上市银行给出效率分值及排序结果，并进行了分析。

第四章主要研究了区间数据下的DEA交叉效率的集结问题。对单值效率分值进行了扩展，在介绍区间交叉效率、二次目标函数相关模型的基础上，给出了区间交叉效率矩阵的定义，并提出了基于VIKOR区间数方法及心态指标对区间交叉效率矩阵及效率分值的排序方法，最后给出基于16家上市银行效率的实例分析。

第五章主要研究了三元区间数据下的DEA交叉效率集结问题。通过将区间交叉效率进行扩展，定义了三参数区间效率分值，提出了三元有向距离指数并证明了其相关性质。基于优势度对效率分值进行排序，并基于三元有向距离指数实现了所有决策单元效率分值的全序化。最后对16家上市银行效率进行了实例分析。

第六章给出了基于乐观与悲观双前沿面下的DEA交叉效率集结问题。通过双前沿面下的六个经典模型构造了交叉效率的多模型聚合模型，并基于粗糙集与序数型有向距离指数进行了交叉效率分值的集结。最后用算例证明了该方法的有效性。

第七章给出了基于环境DEA技术与灰关联的DEA综合效率模型来计算能源环境效率。定义了新的灰色关联度，并将该关联度与经典灰色关联度作为效率径向与非径向部分的度量，考虑环境弱可处置性并从径向与非径向两个角度构建了能源环境效率评价模型，最后给出实例分析。

第八章总结与展望部分对本书的主要研究工作进行了总结，并指出今后需要进一步研究的方向。

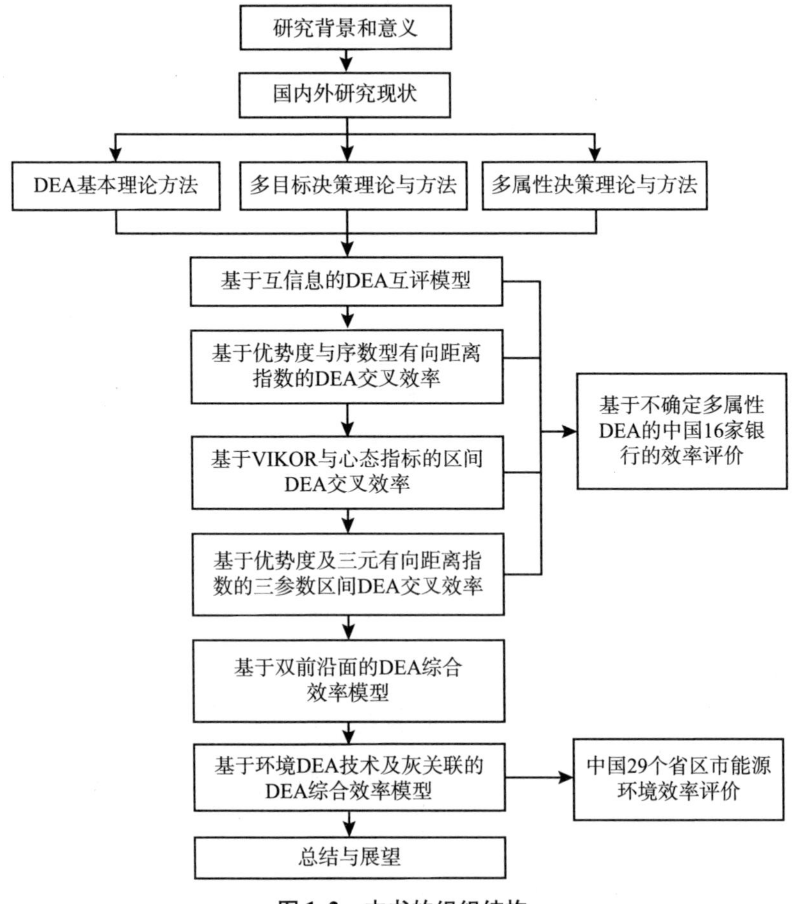

图 1.2　本书的组织结构

注：缺重庆、西藏、台湾、香港、澳门的数据，故仅对 29 个省区市的相关数据进行评价。

1.5 研究方法及创新之处

1.5.1 研究方法

本书在查阅、借鉴相关文献的基础上，构建不确定信息下的交叉效率评价方法及 DEA 综合效率模型，通过算例验证所提方法的可行性与有效性，并进一步将其应用到中国 16 家银行的效率及 29 个省区市能源环境绩效的测评中，在整个研究过程中主要采用的方法如下：

（1）文献研究法。收集并查阅国内外有关交叉效率评价方法的文献，对所收集文献进行归纳梳理，清晰地了解学术界关于交叉效率评价方法的研究动态及进展，针对现有方法在效率测评时的片面性及主观性，提出相应的改进方法，为本书的研究与展开奠定合理的理论基础，并据此构建出本书的主要研究脉络。

（2）实证研究法。在综合选取投入、产出指标的基础上，探究我国 16 家银行效率评价存在的一系列问题及评价结果的不一致性中，找到分步、全面、科学评价银行效率的评价方法，从而促进银行健康发展。对能源环境效率评价中模型的片面性及假设的不合理性，提出了较为全面的考察效率及给出针对性的改进方法，从而提高本书方法的实用价值与实际意义。

（3）定量与定性分析法。从定性分析的角度提出交叉效率研究的思路，通过给出定量分析模型及计算，并基于定量与定性分析相结合的方法对运算结果进行了分析。在实例应用部分，采用定量分析的方法对中国16家银行的效率进行了测算，并结合定量与定性分析两种方法，对效率的变动趋势、差异性、形成差异的原因进行了分析。对于中国29个省区市的能源环境效率，也采用先定量计算后定性分析，从两个维度增加研究结果的说服力与实用性。

1.5.2 主要创新点

（1）交叉效率是从自评与互评的角度对决策单元给出绩效评价，因此，通过改进评价中互评的机制能使评价结果更客观。本书基于博弈论和互信息，结合评价问题的实际情景从自互评差异性的角度提出了考虑决策单元竞争与合作关系的交叉效率互评模型，通过基于互信息衡量决策单元间的关联程度并将决策单元分组，每个决策单元采取最大化盟友的效率而最小化敌对方的效率，并应用于实际问题的评价中。

（2）现有的交叉效率集结经常会受到主观因素的影响而在一定程度上忽略了数据本身的特点，得到的排序结果差异大，评价结果不易接受。因此，提出了将粗糙集理论应用于DEA的交叉效率集结中，通过将决策单元互评的效率分值构造决策矩阵，从而对决策单元进行了分类评价。并提出了序数型有向距离指数，将该指数的相关性质及结论进行了证明，并将其应用于决策单元的全序化问题中。进一步构建了区间交叉效率分值模型，将VIKOR引入了交叉效率分数的集结中，使决策结果的更合理。再者，通过将二元区间交叉效率分值扩展到三元交叉效率分值，提出了基于优势度及三元区间有向距离指数的效率评价，并证明了三元区间有向距离指数的相关性质，并用算例证明了其有效性。

（3）为了准确地衡量决策单元的全局绩效，从双前沿面角度同时考虑乐观和悲观交叉效率，基于粗糙集和序数型有向距离指数综合考量多 DEA 模型的评价结果并比较其与其他方法的差异及有效性。

（4）经典的 CCR 模型从径向角度测量了被评单元的效率分值，而 SBM 从非径向角度通过松弛来测度被评单元的效率分值，本书将 CCR 与 SBM 模型结合，并基于经典灰色关联度定义了新的灰关联度。建立了考虑环境处置性的基于灰关联度的 EBM 模型，同时考虑了效率评价中的径向与非径向特征。并基于该方法对中国 29 个省区市的能源环境效率问题进行了分析。

第二章

考虑奇异性及竞争合作的 DEA 交叉效率模型

2.1 问题描述

班克（Banker）是提出将博弈论与 DEA 结合的第一人，他研究了无约束二人零和有限博弈，从而对 CCR 模型进行了解释。由于交叉效率方法中每个决策单元都会提取出一组体现自身偏好的权重，所有决策单元的偏好权重的平均作为各个决策单元都认可的公共权重，每个决策单元在该公共权重下的效率值为交叉效率。由于交叉效率的权重多解问题，进取型权重与仁慈型权重等二次目标被广泛接受，但是由于模型中假设所有决策单元同时为盟友或同时为敌对方，这与实际情况往往不相符。因此，一些学者基于博弈论提出了竞争合作 DEA 交叉效率模型，通过将所有决策单元进行分组，具有相同偏好权重的决策单元被分在一组来最大化盟友的效率，而不在一组的单元之间为敌对关系从而实现其效率的最小化。这样的权重策略能够体现决策者的不同偏好，从而更具有应用价值。

2.2 考虑奇异性及竞争合作的 DEA 交叉效率模型

在 DEA 中，决策单元由于其投入产出的数量关系及评价中存在的某种程度上的内在关联，使得具体效率测评方法的合理性更加受到关注。CCR 模型采用自我评价的方式，由于其径向模型的特性，测量效率时使投入产出数据保持同倍增长或缩减。如果有 A、B 两个被评决策单元，其中决策单元 A 的投入产出量分别是决策单元 B 相同的数倍，那么决策单元 A 与 B 的效率值相同，即投入产出数据相似的决策单元具有相似的权重选择策略。根据博弈论的观点，若决策单元 A 知道决策单元 B 拥有与其相似的权重能使其互评效率趋近满意，那么决策单元 A 便会对 B 单元采取仁慈型策略，类似的，决策单元 B 对单元 A 也会采取同样的策略使其效率最大化，达到双赢的局面；反之，若决策单元 A 知道决策单元 B 没有权重能使自己的互评效率趋近满意，便会对 B 单元采取进取型策略，导致囚徒困境。决策单元的竞争合作关系在 DEA 评价中也同样存在。

现实的决策问题中，变量间的非线性特征日益明显。在决策单元之间，由于其投入产出的数量关系及评价中存在的某种程度上的内在关联，这种关联虽然可采用相关系数这种典型方法来度量，但相关系数只能刻画变量间的线性相关关系，无法度量变量间的非线性特征。在信息理论中，香农互信息用于衡量两个信息源之间共同拥有的信息量，或者是一个信息源能够从另一个信息源所获得的信息量。因此，当随机变量 X 和随机变量 Y 之间相互依赖度越高或者说包含共同的信息量越大时，则互信息越大。因此，互信息在度量特征之间的相关性方面日益得到关注，而基于互信息度量恰能反映决策单元投入产出间的复杂的数量关系。

另外，在社会评价活动中，评价者要考虑评价结果的广泛接受性，被大多数人反对的评价结果表明评价的不合理性。而对于被评价者，既希望其表现得到充分认可，又能广泛集中民主意见，这也说明了自评与他评结合的重要性。自评与他评结果越一致，说明评价结果越可信。多伊尔和格林在交叉效率评价的基础上提出了奇异指数的概念，可用来衡量决策单元自评价值和他评价值之间的偏差。因此，在竞合评价模型中通过引入奇异指数来衡量自评与他评之间的差距，能使评价的结果更可靠。

2.2.1 DEA交叉效率模型

假设有 n 个 DMU，每个 DMU 都有 m 个投入，s 个产出。用 x_{ij}（i=1，2，…，m）来表示 DMU_j（j=1，2，…，s）单元的第 i 种投入，y_{rj}（r=1，2，…，s）表示 r 种产出，对于第 j 个决策单元，它的效率可定义为式（2.1）。

$$\theta_j = \frac{\sum_{r=1}^{s} u_r y_{rj}}{\sum_{i=1}^{m} v_i x_{ij}} (j = 1, 2, \cdots, n) \tag{2.1}$$

其中，v_i（i=1，…，m）和 u_r（r=1，…，s）代表投入和产出的权重。

考虑决策单元 DMU_d，$d \in \{1, 2, \cdots, n\}$，该单元相对于其他

DMUs 的效率称为 CCR 模型，如模型（2.2）所示，

$$\max \quad E_{dd}=\frac{\sum_{r=1}^{s}u_{rd}y_{rd}}{\sum_{i=1}^{m}v_{id}x_{id}}$$

$$\text{s. t.}\begin{cases}E_{jd}=\dfrac{\sum_{r=1}^{s}u_{rd}y_{rj}}{\sum_{i=1}^{m}v_{id}x_{ij}}\leqslant 1 \quad j=1,2,\cdots,n\\ u_{rd}\geqslant 0 \quad r=1,2,\cdots,s\\ v_{id}\geqslant 0 \quad i=1,2,\cdots,m\end{cases} \tag{2.2}$$

该规划的目标是找到一组最有利于 DMU_d 的投入和产出权重。

通过使用查恩斯－库珀转换，模型（2.2）能够转换为等价的线性规划来求解，如模型（2.3）所示。

$$\max \quad \sum_{r=1}^{s}\mu_r y_{rd}=E_{dd}$$

$$\text{s. t.}\begin{cases}\sum_{i=1}^{m}\omega_i x_{ij}-\sum_{r=1}^{s}\mu_r y_{rj}\geqslant 0 \quad j=1,2,\cdots,n\\ \sum_{i=1}^{m}\omega_i x_{id}=1\\ \omega_i\geqslant 0 \quad i=1,2,\cdots,m\\ \mu_r\geqslant 0 \quad r=1,2,\cdots,s\end{cases} \tag{2.3}$$

其中，E_{dd}为决策单元 DMU_d 的 CCR 效率，也就是该单元能达到的最优效率，反映了单元的自我评价。各决策单元 DMU_d（$d=1$，2，…，n）的最优权系数为 $\omega_d^*=(\omega_{1d}^*, \cdots, \omega_{md}^*, \mu_{1d}^*, \cdots, \mu_{sd}^*)$。由于每个单元都可得到自身的一组 ω_d^*，因此，可根据 ω_d^* 计算其他单元效率，称为交叉效率，塞克斯顿等人定义 DMU_p 利用 DMU_d

的权重所获得的交叉效率为：

$$E_{dp}=\frac{\sum_{r=1}^{s}\mu_{rd}^{*}y_{rp}}{\sum_{r=1}^{s}\omega_{id}^{*}x_{ip}},\ d,\ p=1,2,\cdots,n,\ d\neq p \qquad (2.4)$$

该模型反映了 DMU_d 对 DMU_p 的评价结果。模型（2.3）要运行 n 遍，用来求解每个 DMU 的效率，因此对于 n 个 DMU 会得到 n 组投入产出权重，形成 n－1 组交叉效率和一个 CCR 效率，从而形成交叉效率矩阵（cross-efficiency matrix，交叉效率 CEM），如表 2.1 所示。

表 2.1　　对于 n 个单元的交叉效率矩阵

目标 DMU	DMU						交叉效率
	$1(a_1)$	$2(a_2)$	…	$d(a_d)$	…	$n(a_n)$	
1	E_{11}	E_{12}	…	E_{1p}	…	E_{1n}	E_1
2	E_{21}	E_{22}	…	E_{2p}	…	E_{2n}	E_2
…	…	…	…	…	…	…	…
p	E_{p1}	E_{p2}	…	E_{pd}	…	E_{pn}	E_p
…	…	…	…	…	…	…	…
n	E_{n1}	E_{n2}	…	E_{np}	…	E_{nn}	E_n

注意到模型（2.3）可能有多组最优解，即投入与产出权重的非唯一性会破坏交叉效率评价的使用。为了解决这一问题，塞克斯顿提出了一组二次目标在保证模型（2.3）效率不变的情况下最优化投入产出权重。多伊尔和格林提出的进取型与仁慈型二次目标使用最为广泛[59]。采用进取型策略计算交叉效率，决策单元 p 基于 d 的进取型交叉效率如模型（2.5）所示，效率值为$\underline{E}_{dp}$。决策单元 p

基于 d 的仁慈型交叉效率如模型（2.6）所示，效率值为$\overline{E}_{dp}$。

$$\text{minimize} \quad \sum_{r=1}^{s} u_{rd}\left(\sum_{p=1,j\neq d}^{n} y_{rp}\right)$$

$$\text{s.t.}\begin{cases}\sum_{i=1}^{m} v_{id}\left(\sum_{p=1,p\neq d}^{n} x_{rp}\right)=1\\ \sum_{r=1}^{s} u_{rd}y_{rp}-E_{dd}\sum_{i=1}^{m} v_{id}x_{rp}=0\\ \sum_{r=1}^{s} u_{rd}y_{rp}-\sum_{i=1}^{m} v_{id}x_{rp}\leqslant 0 \quad p=1,2,\cdots,n\\ v_{id}\geqslant 0 \quad i=1,2,\cdots,m\\ u_{rd}\geqslant 0 \quad r=1,2,\cdots,s\end{cases} \tag{2.5}$$

$$\text{maximize} \quad \sum_{r-1}^{s} u_{rd}\left(\sum_{p=1,p\neq d}^{n} y_{rp}\right)$$

$$\text{s.t.}\begin{cases}\sum_{i=1}^{m} v_{id}\left(\sum_{p=1,p\neq d}^{n} x_{rp}\right)=1\\ \sum_{r=1}^{s} u_{rd}y_{rp}-E_{dd}\sum_{i=1}^{m} v_{id}x_{rp}=0\\ \sum_{r=1}^{s} u_{rd}y_{rp}-\sum_{i=1}^{m} v_{id}x_{rp}\leqslant 0 \quad p=1,2,\cdots,n\\ v_{id}\geqslant 0 \quad i=1,2,\cdots,m\\ u_{rd}\geqslant 0 \quad r=1,2,\cdots,s\end{cases} \tag{2.6}$$

上述两模型在保持 DMU_d 效率分值情况下，保证了其他单元总体效率的最劣与最优。

除此以外，DEA 文献中还包括其他的一些常见的二次目标模型：

a. minimize $\sum_{r=1}^{s} u_{rd}\left(\sum_{j=1,j\neq d}^{n} y_{rj}\right)-\sum_{i=1}^{m} v_{id}\left(\sum_{j=1,j\neq d}^{n} x_{ij}\right)$[2]。

b. 将模型（2.5）中的 $\sum_{r=1}^{s} u_{rd}y_{rj} - E_{dd}\sum_{i=1}^{m} v_{id}x_{rj} = 0$ 用 $\sum_{r=1}^{s} u_{rd}y_{rj} - \alpha_d \sum_{i=1}^{m} v_{id}x_{rj} \geq 0$ 来取代，其中，$\alpha_d \in (\min_{1\leq j\leq n} E_{jj}, 1)$ 是控制 DMU_d 效率分值范围的参数[128]。

c. minmaximize α'_j 或 minimize $\frac{1}{n}\sum_{j=1}^{n}|\alpha'_j - \bar{\alpha}'|$

$$
s.t.\begin{cases}
\sum_{i=1}^{m} v_{id}x_{id} = 1 \\
E_{dd} = \sum_{r=1}^{s} u_{rd}y_{rd} \\
\sum_{r=1}^{s} u_{rd}y_{rd} - \sum_{i=1}^{m} v_{id}x_{id} + \alpha'_j = 0 \quad j = 1, 2, \cdots, n
\end{cases}
$$

其中，$\bar{\alpha}' = \frac{1}{n}\sum_{j=1}^{n}\alpha'_j$[129]。

上述模型（2.4）至模型（2.6）给出的是一般的 DEA 交叉效率的计算方法，模型（2.5）是将所有决策单元视为敌对的情形，而模型（2.6）是将所有决策单元视为盟友的情形，它们都是简单地将所有决策单元均视为同盟关系或者敌对关系，因此会针对所有其他决策单元同时使用进取型策略或仁慈型策略，与真实评价过程不符。因此，针对实际中往往部分决策单元为盟友，而部分决策单元之间为敌对的情形，本节提出了一种新的 DEA 交叉效率评价方法。首先，通过互信息的计算确定决策单元之间的竞争或合作关系，然后根据带有奇异指数的新模型得到竞合交叉效率，最终实现决策单元的全序化。

2.2.2　邻域粗糙集模型

在香农信息熵中，离散和连续型变量的互信息可分别表示为：

连续型：$I(X, Y) = \iint p(x, y)\log_2 \frac{p(x, y)}{p(x)p(y)}dxdy$

离散型：$I(X, Y) = \sum\sum p(x, y)\log_2 \frac{p(x, y)}{p(x)p(y)}$

其中，$p(x, y)$ 表示随机变量 X 和随机变量 Y 的联合概率分布，从以上两种形式中可看出，当随机变量 X 和随机变量 Y 相互独立时，互信息 $I(X, Y) = 0$。假定有离散型的数据，具有共同特征值的样本归属为一个集合称为等价类。这些一致的样本属于同一类，否则它们就是不一致的。通过分析决策能够验证这些决策是一致的或是不一致的[130]。尽管如此，对于连续型特征变量计算等价类往往也是不可行的，因为具有相同数值的样本概率往往特别小。直观地看，在这种情况下，具有类似特征值的样本应该归为同一类，否则，决策具有不一致性。基于这点，黄金杰等人（Huang et al.）[131]提出了邻域粗糙集的概念。

给定一个样本集合 $U = \{x_1, x_2, \cdots, x_n\}$，$x_i \in R^N$，Δ 是定义在 U 上的距离函数，满足 $\Delta(x_i, x_j) \geqslant 0$；应用中往往使用 2 - norm 距离（也被称为欧式距离）：$(\sum_{k=1}^{N} |x_{ik} - x_{jk}|^2)^{\frac{1}{2}}$。假定 $\delta \geqslant 0$，标记样本 x_i 的邻域为 $\delta(x) = \{x_i | \Delta(x_i, x_j) \leqslant \delta\}$。给定两个特征空间 R 和 S，$\delta_R(x)$ 与 $\delta_S(x)$ 分别是 X 在这些特征空间基于距离所计算的邻域。该邻域有如下属性：$\delta_{R\cup S}(x) = \delta_R(x) \cap \delta_S(x)$。除了上述

给出的距离函数外，还有许多异质特征与缺失数据的距离测度方式[132]。定义2.1与定义2.2参考了胡清华等人（Hu et al.）[133]的描述。

定义2.1 给定样本集合 $U=\{x_1, x_2, \cdots, x_n\}$，该样本通过数值型或离散型特征 R，$S\subseteq F$ 属性子集来描述。样本 x_i 在属性 S 上的邻域可记为 $\delta_S(x_i)$。样本的邻域不确定性可定义为：

$$NH_{\delta}^{x_i}(S) = -\log \frac{\| \delta_S(x_i) \|}{n} \tag{2.7}$$

并且样本集合的平均不确定性可定义为：

$$NH_{\delta}(S) = -\frac{1}{n}\sum_{i=1}^{n} \log \frac{\| \delta_S(x_i) \|}{n} \tag{2.8}$$

定义2.2 R，$S\subseteq F$ 是两个属性子集，基于 R，S 定义的邻域互信息为：

$$NMI_{\delta}(R;S) = -\frac{1}{n}\sum_{i=1}^{n} \log \frac{\| \delta_R(x_i) \| \cdot \| \delta_S(x_i) \|}{n \| \delta_{S\cup R}(x_i) \|} \tag{2.9}$$

性质 给定两个属性子集 R，S，$NMI_{\delta}(R;S)$ 是这两个属性子集之间的互信息，则有如下等式成立：

（1）$NMI_{\delta}(R;S)=NMI_{\delta}(S;R)$；

（2）$NMI_{\delta}(R;S)=NH_{\delta}(R)+NH_{\delta}(S)-NH_{\delta}(R,S)$；

（3）$NMI_{\delta}(R;S)=NH_{\delta}(R)-NH_{\delta}(R|S)=NH_{\delta}(S)-NH_{\delta}(S|R)$.

如前所述，投入产出数据相似的决策单元具有相似的权重选择策略。因此，基于邻域互信息，根据决策单元投入产出间的相关程度，从而对决策单元进行盟友与敌对方的划分，再根据竞争合作模型对各决策单元效率分值进行计算。

2.2.3 基于奇异指数的竞合交叉效率模型

假设有 n 个被评决策单元，每个决策单元有 m 个投入，s 个产出，分别用 x_{ij} 与 y_{rj} 表示第 j 个决策单元的第 i(i=1，2，…，m) 种投入和第 r(r=1，2，…，s) 种产出。

多伊尔和格林的奇异指数模型中，令 e_j 表示决策单元 j 的平均他评效率分值，h_{jj} 表示模型的自评最优效率分值，h_{kj} 表示当对决策单元 k 进行最优化处理时，决策单元 j 的评价值，即决策单元 j 用决策单元 k 的最优权重进行评价，M_j 表示奇异指数，则奇异指数的计算公式为：

$$M_j = \frac{h_{jj} - e_j}{e_j}, \text{其中 } e_j = \frac{\sum_{k \neq j} h_{kj}}{n-1} \tag{2.10}$$

M_j 表示的是决策单元他评与自评时效率的差异及变化情况，h_{jj} 越大，e_j 越小，M_j 越大，则决策单元 j 越容易被视为奇异者，即决策单元 j 是伪有效的。M_j 越小，表示自评值与他评值越接近，则决策单元 j 的最终评价值越容易被接受。

乐观（最优）前沿面下，DEA 模型追求效率的最大化来确定投入产出权重，第 k 个决策单元的乐观效率可通过求解模型（2.11）得到：

$$\theta_{kk} = \max \sum_{r=1}^{s} u_{rk} y_{rk}$$

$$\text{s.t.} \begin{cases} \sum_{i=1}^{m} v_{ik} x_{ik} = 1 \\ \sum_{r=1}^{s} u_{rk} y_{rj} - \sum_{i=1}^{m} v_{ik} x_{ij} \leqslant 0, \ j = 1, 2, \cdots, n \\ u_{rk} \geqslant 0, \ v_{ik} \geqslant 0, \ r = 1, 2, \cdots, s, \ i = 1, 2, \cdots, m \end{cases} \tag{2.11}$$

其中，v_{ik}和u_{rk}表示第k(k=1，2，…，n）个决策单元的第i种投入和第r种产出的权重，第k个决策单元的乐观效率值$\theta_{kk}\in[0,1]$内。若$\theta_{kk}=1$，称第k个决策单元乐观有效，否则称决策单元为乐观非有效。

悲观（最劣）前沿面下，DEA模型追求效率的最小化来确定投入产出权重，第k个决策单元的悲观效率可通过求解模型(2.12）得到：

$$\phi_{kk} = \min \sum_{r=1}^{s} u_{rk} y_{rk}$$

$$\text{s.t.}\begin{cases} \sum_{i=1}^{m} v_{ik} x_{ik} = 1 \\ \sum_{r=1}^{s} u_{rk} y_{rj} - \sum_{i=1}^{m} v_{ik} x_{ij} \geq 0,\ j = 1,2,\cdots,n \\ u_{rk} \geq 0,\ v_{ik} \geq 0,\ r = 1,2,\cdots,s,\ i = 1,2,\cdots,m \end{cases} \tag{2.12}$$

式（2.12）中，第k个决策单元的悲观效率$\phi_{kk}\geqslant1$。若$\phi_{kk}>1$，则称决策单元k为悲观无效，否则称决策单元为悲观非无效。

可见，无论是基于乐观前沿面或者基于悲观前沿面，自评效率都只从自身出发导致了评价结果的极端性，因此，自互评相结合的交叉效率评价模型受到了越来越多的研究。杨锋、夏琼和梁樑(2011)[134]提出了竞合交叉效率模型，即在决策单元互评中应根据其效率分值数据来考虑决策单元间的竞争与合作关系。同组的决策单元在最大化自身效率的前提下，最大化盟友的总效率，并同时最小化竞争对手的总效率。该文献首先基于仁慈型模型的交叉效率矩阵，根据矩阵中的效率分值再对矩阵中的被评单元进行聚类分析，并将其划分为H类，各决策单元类可记作T_g(g=1，2，…，H)，属于同类的决策单元互为盟友，类间各单元互为敌对方；然后假设第 k 个决策单元位于 T_t 类，即 $k \in T_t$，并分别用决策单元 k（k =1，2，…，n）对其他决策单元进行他评，使同属 T_t 类的单元效率尽量高，反之尽量低；最后采用算数平均方法融合自评与他评效率的全局竞合交叉效率，其模型如式（2.13）所示。

$$
\begin{aligned}
&\min \quad \sum_{j \neq k, j \in T_t} s_{kj}^{CP} - \sum_{j \notin T_t} s_{kj}^{CP} \\
&\text{s. t.} \begin{cases}
\sum_{r=1}^{s} u_{rk} y_{rj} - \sum_{i=1}^{m} v_{ik} x_{ij} + s_{kj}^{CP} = 0, \ j = 1, 2, \cdots, n, \ j \neq k \\
\sum_{r=1}^{s} u_{rk} y_{rk} - \theta_{kk}^{*} \sum_{i=1}^{m} v_{ik} x_{ik} = 0 \\
s_{kj}^{CP} \geqslant 0, \ j = 1, 2, \cdots, n, \ j \neq k \\
u_{rk} \geqslant 0, \ v_{ik} \geqslant 0, \ r = 1, 2, \cdots, s, \ i = 1, 2, \cdots, m
\end{cases}
\end{aligned}
\tag{2.13}
$$

模型（2.13）体现了决策单元之间存在的竞争合作关系，使决策单元能够根据个人偏好与其他单元建立竞争或合作关系。为了全面考虑决策单元间的关联关系，本书将提出一种新的交叉效率评价方法。

由于在互评过程中决策单元会对关联程度大的被评单元采取仁慈型策略，对关联程度小的被评单元采取进取型策略，而采取进取型策略的决策单元总是使对方效率尽量小，这种策略容易导致被评决策单元的他评效率远小于其自评效率，难以使评价结果被广泛接受。一对有界 DEA 模型能够测量每个 DMU 的整体效率[135]。为此，本书先利用有界 DEA 模型[136]为每个决策单元提供一个效率区间，模型如式（2.14）所示：

$$\psi_{kk} = \max/\min \sum_{r=1}^{s} u_{rk} y_{rk}$$

$$\text{s.t.}\begin{cases}\sum_{i=1}^{m} v_{ik} x_{ik} = 1 \\ \sum_{r=1}^{s} u_{rk} y_{rj} - \sum_{i=1}^{m} v_{ik} x_{ij} \leqslant 0,\ j = 1, 2, \cdots, n \\ \sum_{r=1}^{s} u_{rk} y_{rj} - \alpha \sum_{i=1}^{m} v_{ik} x_{ij} \geqslant 0,\ j = 1, 2, \cdots, n \\ u_{rk} \geqslant 0,\ v_{ik} \geqslant 0,\ r = 1, 2, \cdots, s,\ i = 1, 2, \cdots, m \end{cases} \tag{2.14}$$

其中，$\alpha = \max \theta^* / \min \varphi^* (0 < \alpha \leqslant 1)$ 表示悲观效率的调整系数，θ^* 与 φ^* 分别由模型（2.11）、模型（2.12）得出，由于两者效率分值表示形式的不统一，因此可通过调整使乐观效率与悲观效率的取值都位于区间［α，1］内。用模型（2.14）对第 k 个决策单元进行评价，目标函数的最大值为 ψ_{kk}^{U*}，表明了决策单元的最好相对效率，目标函数的最小值为 ψ_{kk}^{L*}，表示决策单元的最差相对效率，二者共同构成第 k 个决策单元的效率区间［ψ_{kk}^{L*}，ψ_{kk}^{U*}］。

基于模型（2.13），构建一个新的交叉效率模型（2.15）。通过保证被评价决策单元的他评效率不低于其最差相对效率 ψ_{kk}^{L*}，并使决策单元能够根据关联程度的不同对其他单元采取不同的评价策略。

$$\min\left[z_1\left(\theta_{dd} - \sum_{r=1}^{s} u_{rk} y_{rd}\right) - z_2\left(\theta_{dd} - \sum_{r=1}^{s} u_{rk} y_{rd}\right)\right]$$

$$\text{s.t.}\begin{cases}\sum_{i=1}^{m} v_{ik} x_{id} = 1 \\ \sum_{r=1}^{s} u_{rk} y_{rk} - \psi_{kk}^{U*} \sum_{i=1}^{m} v_{ik} x_{ik} = 0 \\ \psi_{dd}^{L*} \sum_{i=1}^{m} v_{ik} x_{id} - \sum_{r=1}^{s} u_{rk} y_{rd} \leqslant 0 \\ \sum_{r=1}^{s} u_{rk} y_{rj} - \sum_{i=1}^{m} v_{ik} x_{ij} \leqslant 0,\ j = 1, 2, \cdots, n \\ u_{rk} \geqslant 0,\ v_{ik} \geqslant 0,\ r = 1, 2, \cdots, s,\ i = 1, 2, \cdots, m \\ z_1 = 1,\ z_2 = 0,\ \{k, d\} \subset H;\ z_1 = 0,\ z_2 = 1,\ \{k, d\} \not\subset H \end{cases} \tag{2.15}$$

先用模型（2.14）计算每个决策单元的最优相对效率 $\psi_{kk}^{U^*}$ 与最差相对效率 $\psi_{kk}^{L^*}$，再在决策单元 k 的最优相对效率保持 $\psi_{kk}^{U^*}$ 不变的情况下，对决策单元 d 进行评价，同时保证 d 单元的他评效率不小于其最差相对效率 $\psi_{dd}^{L^*}$。$\theta_{dd}-\sum_{r=1}^{s}u_{rk}y_{rd}$ 作为奇异指数，表明了评价中自评与他评间的差异，如果决策单元 k 与 d 位于同一集合，则 $z_1=1$，$z_2=0$，也就是使决策单元 d 的他评效率尽量大；反之，使决策单元 d 的他评效率尽量小。另外，模型（2.15）保证决策单元 d 的他评效率不低于其最差相对效率，能够提高评价结果的可接受性。

2.3 实例分析

2.3.1 数据和变量

考虑到银行效率测算中的关于投入产出指标的主要分类方法[137-139]，传统的投入包括物理或资本以及劳动力的投入，而产出则主要包括总贷款及其他的收益性资产。实际上，在银行效率的研究中主要有三种方法（关于投入产出指标）：生产方法、利润方法以及中介法。对于生产法，我们假定银行是产生贷款和其他金融服务的机构。资金和劳动力往往作为投入，贷款作为产出。对于中介法，则认为银行是作为存款者和投资者的金融中介。利润法解释银行为金融中介机构，凭借资产负债表中它的贷款（或资产）作为产出而不是存款（负债）作为产出。

另外，考虑到中国商业银行效率评价中最广泛使用的变量，我们使用了生产法中的投入和产出指标来构建绩效指标体系，使用了三种投入和两种产出来估计银行的技术效率[100]。

投入的指标包括：

（1）劳动力（LAB，x_1）是指雇用的专职雇员的数量。

（2）权益资本（EC，x_2）是指所有者权益。

（3）固定资产（FA，x_3）是指物理资本的资产价值。

产出的指标包括：

（1）不良贷款（NPL，y_1）是指借款人不能偿还的负债。这是DEA评价中的非期望产出，减小该值可以改进银行的效率评价结果。

（2）总贷款（TL，y_2）代表了从银行所借总债务的数量。

本书中的银行效率研究的对象为2007～2014年间的5个国有银行（SOBs）与11个股份制银行（JSBs）。国有银行包括中国建设银行（CCB）、中国银行（BOC）、中国工商银行（ICBC）、中国农业银行（ABC）以及中国交通银行（BC）。股份制银行包括中国招商银行（CMB）、中信银行（CITIC）、中国光大银行（CEB）、华夏银行（HXB）、中国民生银行（CMBC）、平安银行（PAB）、浦发银行（SPDB）、兴业银行（FIB）、北京银行（BOB）、南京银行（BON）和宁波商业银行（NCB）。所有的数据来源于《中国金融统计年鉴》（2008～2015）与Wind数据库。

2.3.2 结果分析

通过表2.2的数据，可以比较国有银行与股份制银行的各种投入和产出。总体来说，国有银行的平均投入会高于股份制银行，并且基本与其产出会成一定比例。对于国有银行，从投入角度而言，从2007年到2014年，劳动力（LAB）和权益资本（EC）有着显著的上升趋势。这两个变量的增加表明国有银行投入的密集性造成了资源的投入冗余。另外，不良贷款（NPL）在2007～2010年间迅速下降，随后该指标一直保持稳定直到2014年才产生了显著的上升趋势。总贷款（TL）在金融危机期间有轻微的增长，在2008～2014年间又出现了快速的增长。

表2.2　　2007～2014年5个变量的描述性统计

年份	银行类型	数字特征	劳动力（人）	权益资本（亿元）	固定资产（亿元）	不良贷款（亿元）	总贷款（亿元）
2007	所有银行	均值	97682.25	226.10	696.87	754.56	11686.78
		标准差	151824.29	311.77	1073.82	2014.01	13846.93
	国有银行	均值	341369.75	732.81	2357.90	2761.50	34175.30
		标准差	92223.85	114.01	875.89	3619.94	5085.07
	股份制银行	均值	16453.08	57.20	143.20	85.59	4190.60
		标准差	17916.50	67.21	159.56	67.53	3033.79
2008	所有银行	均值	101082.25	265.72	787.90	310.29	13047.22
		标准差	150836.88	364.37	1167.10	441.93	14864.90
	国有银行	均值	343837.75	854.22	2703.87	1024.80	36905.61
		标准差	86308.42	164.71	438.84	228.93	6561.88
	股份制银行	均值	20163.75	69.56	149.25	72.12	5094.42
		标准差	20525.97	75.70	158.34	67.10	3685.96
2009	所有银行	均值	103942.25	300.94	798.05	275.23	17538.90
		标准差	151522.62	414.91	1161.61	383.17	19484.44
	国有银行	均值	348768.50	974.85	2703.87	888.96	48992.36
		标准差	81405.81	173.42	438.84	220.90	6515.42
	股份制银行	均值	22333.50	76.30	162.78	70.66	7054.42
		标准差	20946.72	79.74	162.63	65.44	5142.72

续表

年份	银行类型	数字特征	劳动力（人）	权益资本（亿元）	固定资产（亿元）	不良贷款（亿元）	总贷款（亿元）
2010	所有银行	均值	109240.38	333.87	892.43	236.97	20813.98
		标准差	153796.79	455.32	1286.19	321.75	22882.46
	国有银行	均值	358738.50	1073.08	3007.43	752.07	57692.49
		标准差	75630.05	189.26	445.31	174.28	7582.79
	股份制银行	均值	26074.33	87.47	187.43	65.27	8521.15
		标准差	22654.94	89.45	181.46	65.13	6238.78
2011	所有银行	均值	114430.13	372.33	908.71	231.10	23854.52
		标准差	156461.26	508.86	1278.25	308.50	25946.61
	国有银行	均值	368912.25	1201.43	3007.59	736.40	65642.07
		标准差	71993.80	195.80	445.55	100.57	8997.48
	股份制银行	均值	29602.75	95.97	209.08	62.66	9925.34
		标准差	23855.20	96.77	194.96	56.80	7022.52
2012	所有银行	均值	121713.00	423.72	920.61	251.30	27199.27
		标准差	161676.37	563.82	1274.98	306.25	29137.10
	国有银行	均值	384856.75	1346.60	3008.93	751.22	74035.25
		标准差	72504.59	155.38	447.49	83.50	10334.06
	股份制银行	均值	33998.42	116.10	224.51	84.66	11587.28
		标准差	25250.19	118.13	218.21	69.44	8061.88
2013	所有银行	均值	128948.25	485.98	935.79	300.12	30742.60
		标准差	166237.97	629.52	1269.30	339.66	32757.40
	国有银行	均值	398741.75	1515.52	3013.90	850.01	83362.30
		标准差	77206.26	114.20	453.60	85.80	12036.60
	股份制银行	均值	39017.08	142.80	243.08	116.82	13202.70
		标准差	27696.46	151.42	216.82	93.26	9015.09
2014	所有银行	均值	131212.13	554.21	949.34	417.71	34358.90
		标准差	170855.86	700.67	1277.65	456.52	36238.20

续表

年份	银行类型	数字特征	劳动力（人）	权益资本（亿元）	固定资产（亿元）	不良贷款（亿元）	总贷款（亿元）
2014	国有银行	均值	407532.75	1687.48	3042.58	1157.83	92705.50
		标准差	87160.32	204.27	448.32	115.60	13062.50
	股份制银行	均值	39105.25	176.46	251.60	171.01	14910.00
		标准差	26745.70	188.12	216.19	122.34	9675.53

在金融危机期间，对于股份制银行，从投入而言，劳动力（LAB）和权益资本（EC）与国有银行有着类似的发展趋势，只是固定资产（FA）发生了缓慢的增长。从产出而言，与国有银行不同，股份制银行的不良贷款（NPL）在2007～2011年间呈现了下降趋势。总贷款（TL）指标与国有银行具有相似的趋势。

表2.3以2014年为例，计算决策单元的互信息、基于竞合模型的交叉效率互评矩阵及最终的排序结果。首先，基于模型（2.9）计算两两决策单元投入产出变量的互信息，结果如表2.3所示。

根据表2.3互信息的大小可将16个决策单元进行分组。因此设定互信息大于0.2为分组阈值，并基于文献［140］，分为一组的有［10，11］、［10，12］、［10，14］、［10，15］、［11，12］、［11，14］、［11，15］、［12，14］、［12，15］、［14，15］，即单元10，11，12，14，15（五大国有银行之间）之间为合作关系，除此以外，均为竞争关系。

根据模型（2.15）及邻域互信息计算后得到的交叉效率互评矩阵如表2.4所示。

表 2.3　2014 年 16 个银行两两之间投入产出互信息

银行名称	DMU_1	DMU_2	DMU_3	DMU_4	DMU_5	DMU_6	DMU_7	DMU_8	DMU_9	DMU_{10}	DMU_{11}	DMU_{12}	DMU_{13}	DMU_{14}	DMU_{15}	DMU_{16}
平安银行（DMU_1）	0.0444	0.0526	0.0526	0.0444	0.1046	0.1046	0.0526	0.0526	0.0526	0.1532	0.1532	0.1532	0.0796	0.1532	0.1532	0.1046
宁波银行（DMU_2）	0.0526	0.0602	0.0602	0.0526	0.1088	0.1088	0.0602	0.0602	0.0602	0.1556	0.1556	0.1556	0.0852	0.1556	0.1556	0.1088
浦发银行（DMU_3）	0.0526	0.0602	0.0602	0.0526	0.1088	0.1088	0.0602	0.0602	0.0602	0.1556	0.1556	0.1556	0.0852	0.1556	0.1556	0.1088
华夏银行（DMU_4）	0.0444	0.0526	0.0526	0.0444	0.1046	0.1046	0.0526	0.0526	0.0526	0.1532	0.1532	0.1532	0.0796	0.1532	0.1532	0.1046
民生银行（DMU_5）	0.1046	0.1088	0.1088	0.1046	0.1398	0.1398	0.1088	0.1088	0.1088	0.1750	0.1750	0.1750	0.1240	0.1750	0.1750	0.1398
招商银行（DMU_6）	0.1046	0.1088	0.1088	0.1046	0.1398	0.1398	0.1088	0.1088	0.1088	0.1750	0.1750	0.1750	0.1240	0.1750	0.1750	0.1398
南京银行（DMU_7）	0.0526	0.0602	0.0602	0.0526	0.1088	0.1088	0.0602	0.0602	0.0602	0.1556	0.1556	0.1556	0.0852	0.1556	0.1556	0.1088
兴业银行（DMU_8）	0.0526	0.0602	0.0602	0.0526	0.1088	0.1088	0.0602	0.0602	0.0602	0.1556	0.1556	0.1556	0.0852	0.1556	0.1556	0.1088

续表

银行名称	DMU_1	DMU_2	DMU_3	DMU_4	DMU_5	DMU_6	DMU_7	DMU_8	DMU_9	DMU_{10}	DMU_{11}	DMU_{12}	DMU_{13}	DMU_{14}	DMU_{15}	DMU_{16}
北京银行（DMU_9）	0. 0526	0. 0602	0. 0602	0. 0526	0. 1088	0. 1088	0. 0602	0. 0602	0. 0602	0. 1556	0. 1556	0. 1556	0. 0852	0. 1556	0. 1556	0. 1088
农业银行（DMU_{10}）	0. 1532	0. 1556	0. 1556	0. 1532	0. 1750	0. 1750	0. 1556	0. 1556	0. 1556	0. 2000	0. 2000	0. 2000	0. 1648	0. 2000	0. 2000	0. 1750
交通银行（DMU_{11}）	0. 1532	0. 1556	0. 1556	0. 1532	0. 1750	0. 1750	0. 1556	0. 1556	0. 1556	0. 2000	0. 2000	0. 2000	0. 1648	0. 2000	0. 2000	0. 1750
工商银行（DMU_{12}）	0. 1532	0. 1556	0. 1556	0. 1532	0. 1750	0. 1750	0. 1556	0. 1556	0. 1556	0. 2000	0. 2000	0. 2000	0. 1648	0. 2000	0. 2000	0. 1750
光大银行（DMU_{13}）	0. 0796	0. 0852	0. 0852	0. 0796	0. 1240	0. 1240	0. 0852	0. 0852	0. 0852	0. 1648	0. 1648	0. 1648	0. 1046	0. 1648	0. 1648	0. 1240
建设银行（DMU_{14}）	0. 1532	0. 1556	0. 1556	0. 1532	0. 1750	0. 1750	0. 1556	0. 1556	0. 1556	0. 2000	0. 2000	0. 2000	0. 1648	0. 2000	0. 2000	0. 1750
中国银行（DMU_{15}）	0. 1532	0. 1556	0. 1556	0. 1532	0. 1750	0. 1750	0. 1556	0. 1556	0. 1556	0. 2000	0. 2000	0. 2000	0. 1648	0. 2000	0. 2000	0. 1750
中信银行（DMU_{16}）	0. 1046	0. 1088	0. 1088	0. 1046	0. 1398	0. 1398	0. 1088	0. 1088	0. 1088	0. 1750	0. 1750	0. 1750	0. 1240	0. 1750	0. 1750	0. 0444

表 2.4 基于竞合模型的交叉效率互评矩阵

银行名称	DMU_1	DMU_2	DMU_3	DMU_4	DMU_5	DMU_6	DMU_7	DMU_8	DMU_9	DMU_{10}	DMU_{11}	DMU_{12}	DMU_{13}	DMU_{14}	DMU_{15}	DMU_{16}
平安银行（DMU_1）	1.00	0.23	0.54	0.37	0.20	0.35	0.18	0.42	0.42	0.19	0.18	0.21	0.32	0.23	0.18	0.53
宁波银行（DMU_2）	0.98	0.98	1.00	0.98	0.77	0.95	0.92	0.92	1.00	0.48	0.70	0.63	0.58	0.67	0.60	0.68
浦发银行（DMU_3）	0.76	0.51	1.00	0.72	0.44	0.69	0.44	0.77	0.59	0.23	0.39	0.29	0.26	0.35	0.27	0.43
华夏银行（DMU_4）	0.98	0.98	1.00	0.98	0.77	0.95	0.92	0.92	1.00	0.48	0.70	0.63	0.58	0.67	0.60	0.68
民生银行（DMU_5）	0.98	0.98	1.00	0.98	0.77	0.95	0.92	0.92	1.00	0.48	0.70	0.63	0.58	0.67	0.60	0.68
招商银行（DMU_6）	0.98	0.98	1.00	0.98	0.77	0.95	0.92	0.92	1.00	0.48	0.70	0.63	0.58	0.67	0.60	0.68
南京银行（DMU_7）	0.98	0.98	1.00	0.98	0.77	0.95	0.92	0.92	1.00	0.48	0.70	0.63	0.58	0.67	0.60	0.68
兴业银行（DMU_8）	0.98	0.98	1.00	0.98	0.77	0.95	0.92	0.92	1.00	0.48	0.70	0.63	0.58	0.67	0.60	0.68
北京银行（DMU_9）	0.53	0.43	0.72	0.52	0.47	0.52	0.42	0.64	1.00	0.25	0.49	0.37	0.50	0.39	0.43	0.66

续表

银行名称	DMU_1	DMU_2	DMU_3	DMU_4	DMU_5	DMU_6	DMU_7	DMU_8	DMU_9	DMU_{10}	DMU_{11}	DMU_{12}	DMU_{13}	DMU_{14}	DMU_{15}	DMU_{16}
农业银行（DMU_{10}）	0.84	0.97	0.80	0.79	0.73	0.77	0.91	0.78	1.00	0.55	0.68	0.76	0.72	0.72	0.72	0.66
交通银行（DMU_{11}）	0.98	0.98	1.00	0.98	0.77	0.95	0.92	0.92	1.00	0.48	0.70	0.63	0.58	0.67	0.60	0.68
工商银行（DMU_{12}）	0.84	0.97	0.80	0.79	0.73	0.77	0.91	0.78	1.00	0.55	0.68	0.76	0.72	0.72	0.72	0.66
光大银行（DMU_{13}）	1.00	0.82	0.89	0.81	0.65	0.79	0.71	0.82	1.00	0.53	0.60	0.67	0.75	0.67	0.62	0.75
建设银行（DMU_{14}）	0.84	0.97	0.80	0.79	0.73	0.77	0.91	0.78	1.00	0.55	0.68	0.76	0.72	0.72	0.72	0.66
中国银行（DMU_{15}）	0.84	0.97	0.80	0.79	0.73	0.77	0.91	0.78	1.00	0.55	0.68	0.76	0.72	0.72	0.72	0.66
中信银行（DMU_{16}）	0.91	0.48	0.95	0.67	0.45	0.65	0.40	0.79	0.94	0.34	0.45	0.42	0.71	0.46	0.41	1.00
平均交叉效率	0.90	0.83	0.89	0.82	0.66	0.80	0.76	0.81	0.93	0.44	0.61	0.59	0.59	0.60	0.56	0.67

为了证明该方法的优越性，表2.5将此模型与CCR模型及樊晓宏所计算的决策单元的效率排序结果进行了对比分析。可以看出，本书提出的基于互信息考虑决策者评价一致性的竞合交叉效率模型与樊晓宏的效率分数计算结果是相似的，但是其排序结果更接近于经典的自评模型即CCR模型，也就是说该模型得到的结果与对自身最优利的评价结果更相近，更符合决策单元评价时的自利性的要求，也兼顾了他评结果。自互评相结合的较高的评价结果，更能被广泛接受。

表2.5　　　　基于互信息分组的排序比较

银行名称	CCR效率	CCR排名	文献[140]效率	文献[140]排名	文献[140]排名与CCR的差距	本书的竞合交叉效率	本书的排序	本书的排序与CCR的差距
平安银行	0.9014	3	0.8868	3	0	0.9016	3	0
宁波银行	0.6540	7	0.6438	8	1	0.8257	7	0
浦发银行	0.9210	2	0.9187	2	0	0.8945	2	0
华夏银行	0.8111	4	0.8324	4	0	0.8165	4	0
民生银行	0.5520	10	0.5598	10	0	0.6579	10	0
招商银行	0.7832	6	0.7737	6	0	0.7956	6	0
南京银行	0.5905	9	0.5806	9	0	0.7627	9	0
兴业银行	0.7878	5	0.7804	5	0	0.8102	5	0
北京银行	0.9480	1	0.9343	1	0	0.9343	1	0
农业银行	0.3350	16	0.3290	16	0	0.4450	16	0
交通银行	0.5156	11	0.5064	11	0	0.6082	11	0
工商银行	0.4261	14	0.4195	14	0	0.5870	14	0
光大银行	0.4772	12	0.4639	13	1	0.5909	13	1

续表

银行名称	CCR 效率	CCR 排名	文献［140］效率	文献［140］排名	文献［140］排名与 CCR 的差距	本书的竞合交叉效率	本书的排序	本书的排序与 CCR 的差距
建设银行	0.4727	13	0.4665	12	-1	0.6016	12	-1
中国银行	0.4100	15	0.4034	15	0	0.5617	15	0
中信银行	0.6531	8	0.6746	7	-1	0.6743	8	0

2.4 本章小结

在 DEA 模型中，决策单元权重的不唯一性使决策单元在评价时往往形成以自评为主的氛围，权重的不唯一性往往导致了权重的极端性与不合理性，使其实际应用受到了限制。交叉效率能够结合自评与互评，使评价更具客观性。本章针对交叉效率权重不唯一性问题展开研究，提出了一种考虑决策单元竞合关系的交叉效率方法。该方法采用邻域互信息考虑两两决策单元之间的投入产出间的关联性，将所有被评价决策单元进行分组，发现同盟及敌对关系，从而根据其不同偏好采取不同的评价策略，这一过程中体现了决策单元之间的博弈。采用悲观与乐观模型来建立决策单元效率分值的区间，从而确定竞合交叉效率模型中决策单元的效率范围，奇异指数在自互评过程中尽量控制了自评与互评的差距。最后采用提出的方法对中国 16 家银行的绩效进行了评价，并与相关文献比较，结果发现，基于互信息的竞合交叉效率模型能够使得决策单元在评价追逐自利的过程中，兼顾评价的广泛可接受性，得到的评价结果更容易得到认同。

综合而言，该方法具有以下特点：（1）竞合交叉效率模型考虑了实际评价中存在的问题；（2）奇异指数使评价中的自评与互评结合更紧密；（3）互信息能够更准确地度量决策单元之间存在的竞争合作关系。

第三章

基于粗糙集的DEA交叉效率集结模型

3.1 问题描述

传统的效率评价模型基于自评的思想，即每个被评价单元总是选择有利于自身评价的一组权重，不具有可比性且对单元的区分能力较差。许多学者提出了各种方法改进其排序的性能，如前所述，其中最为著名的是塞克斯顿提出基于他评思想的 DEA 交叉效率，使用自评及他评的权重对某个决策单元进行效率计算。在交叉效率中，除了第二章提到的交叉效率不唯一的问题外，该模型中另外一个重要问题就是关于交叉效率评价值的集结方法。通过将不同决策单元的效率分值进行集结，可以得到每个决策单元的最终效率分值，进而对决策单元进行排序。尤其在 DEA 的一些应用中，给出最终的排序比最大化每个个体的效率更有实际意义。

目前学者对该方面的研究还较少，而传统的最终交叉效率集结过程中的平均化假设常为学者所诟病。首先，该方法假定了所有评价的重要性相同，且由于每个决策单元提供给其他单元的权重全部或部分是不现实的，决策结果不易接受。同时，自评效率值权重的减少和互评效率权重的增加也导致了结果的不可接受性。这是因为每个 DMU 只有一个自评的效率，但是却有多个互评效率值，当有 n 个单元简单平均时，指派给自评效率的权重只有 1/n，而剩余的 (n-1)/n 的权重都是由互评的效率值指定的。很明显，自评效率在最终的整体评估和排序中所起作用不足。鲁伊兹[141]提出由于自评的不实际权重，交叉效率如果通过这样的权重所得到的效率分值不应该与合理的权重起到同样的作用。因此，提出了使用加权平均的效率聚合方法。另外一些新提出的方法，也都存在不同的问题。如 OWA 集结算子等方法过多地从主观偏好的角度出发，基于合作博弈的沙普利（Shapley）值或核子解来集结各决策单元的交叉效率时[68,142]，因为自评效率值依赖于交叉效率矩阵的主对角线，造成每个单元的自评效率值在最后整体评价及排序中起着不同的作用，从而指派给每个决策单元不同的权重。

在交叉效率模型中采用熵矩阵或距离熵函数能够有效地避免主观因素[68,69]。信息熵是关于不确定性的测度，由香农首次提出，将信息中排除冗余信息后的平均信息量定义为“信息熵”。随后广泛应用于工程、管理等领域。根据信息熵的思想，从决策制定中获得的信息量大小是决策问题正确性和可靠性的一个决定性因素。熵能够测度数据本身提供的有用信息量的大小。信息熵是系统状态不确定性的测度，而作为属性重要性的度量标准，其最大的优势在于不需要预先假设数据分布已知，且对于属性间存在的非线性关系也能够有效刻画。考虑到信息的补集增益，梁吉业等人提出了互补熵等概念[96]，更加全面地度量了数据所含信息量的大小。熵权法则是一种可以用于多对象、多指标的综合评价方法，其评价主要依据客观资料，可以在很大程度上避免人为因素的干扰。

粗糙集理论（RST）是处理不一致性和模糊性信息系统的数学工具，该方法的主要优势在于它不需要任何先验或附加的信息，例如在概率论中的概率分布、模糊集理论中的成员隶属函数或者证据理论中的质量函数。由于在大数据处理方面存在明显优势，格雷科将优势关系代替经典的等价关系提出了基于优势关系下的粗糙集模型（DRSA），在DRSA中，条件属性是所有的属性，决策属性是具有偏好关系的序。属性约简是粗糙集理论中的重要内容之一。属性约简，就是在保持信息系统的分类能力不变的前提下删除其中的冗余属性。当信息系统中的数据是随机采集时，其冗余性更为普遍。基于DRSA，能够应用于多准则决策或排序问题。马建敏等人基于梁吉业的信息熵提出了基于信息量的序信息系统的属性约简[143]。

综上所述，现有的交叉效率集结经常会受到主观因素的影响而在一定程度上忽略了数据本身的特点，得到的排序结果差异大，评价结果不易接受。因此，本章基于粗糙集理论与方法提出了基于粗糙集与熵权序数型有向距离指数的交叉效率二级排序模型。粗糙集与熵均是从数据本身特征出发，是在选择关键属性及排除冗余信息的基础上对决策单元进行的排序，能最大限度地减少人为因素的干扰，得到的结果更容易被决策单元接受。为了便于对方法的结果进行比较，本章首先构建三种经典DEA模型的交叉效率矩阵，根据交叉效率分数的取值特点，分别建立交叉效率矩阵的连续值信息系统；在每个交叉效率矩阵中基于优势关系进行属性约简，根据约简得到的重要属性基于优势度将决策单元排序，属性约简保证了在系统分类能力不变条件下去除了冗余的属性，利用约简后的属性得到的排序能从本质上反映排序先后的差别；最后，对于同一位置上不可区分的单元，提出了基于熵权的序数型有向距离指数的二级排序方法，利用该指数对不可区分单元进行再次排序，从而确定最终的排序结果。最终交叉效率分数的计算正是对多属性评价决策的集结，使用粗糙模型可以从数据本身特征出发得到综合评价结果。最后的算例证明了该方法的有效性。

3.2 基于粗糙集的DEA交叉效率模型

3.2.1 交叉效率模型的选择

为了便于对粗糙集效率集结方法的结果进行比较，本书采用了三种经典的交叉效率模型构建交叉效率矩阵，分别是经典的交叉效率模型、改进的仁慈型交叉效率与进取型交叉效率模型，三种模型从不同的竞争策略出发，对权系数非唯一性作了不同的限制，因此可分别利用三种模型，基于粗糙集将所有被评单元进行排序与比较。

假设有 n 个 DMU，每个 DMU 都有 m 个投入，s 个产出。设 $DMU_j(j=1, 2, \cdots, n)$ 的投入和产出向量分别为：$X_j=(x_{1j}, x_{2j}, \cdots, x_{mj})^T>0$，$Y_j=(y_{1j}, y_{2j}, \cdots, y_{sj})^T>0$。对于第 d 个决策单元，其 CCR 效率如模型（3.1）所示，各决策单元 $DMU_d(d=1,$

2，…，n）的最优权系数为 $\omega_d^* = (\omega_{1d}^*, \cdots, \omega_{md}^*, \mu_{1d}^*, \cdots, \mu_{sd}^*)$，效率值为 E_{dd}。

$$\max \quad \sum_{r=1}^{s} \mu_r y_{rd} = E_{dd}$$

$$\text{s. t.} \begin{cases} \sum_{i=1}^{m} \omega_i x_{ij} - \sum_{r=1}^{s} \mu_r y_{rj} \geqslant 0 \quad j = 1, 2, \cdots, n \\ \sum_{i=1}^{m} \omega_i x_{id} = 1 \\ \omega_i \geqslant 0 \quad i = 1, 2, \cdots, m \\ \mu_r \geqslant 0 \quad r = 1, 2, \cdots, s \end{cases} \tag{3.1}$$

由于每个单元都可得到自身的一组 ω_d^*，因此，可根据 ω_d^* 计算交叉效率，塞克斯顿等人定义 DMU_p 利用 DMU_d 的权重所获得的交叉效率为：

$$E_{dp} = \frac{\sum_{r=1}^{s} \mu_{rd}^* y_{rp}}{\sum_{r=1}^{s} \omega_{id}^* x_{ip}}, \ d, p = 1, 2, \cdots, n \tag{3.2}$$

因此，对于决策单元 DMU_p，所有 $E_{dp}(d=1, 2, \cdots, n)$ 的平均值 $\overline{E_p} = \frac{1}{n}\sum_{d=1}^{n} E_{dp}$ 可作为第 p 个决策单元的交叉效率分数，对所有单元的权系数及效率分数计算后，得到数据结构如表 2.1 所示的交叉效率矩阵。塞克斯顿模型从自身角度出发获取权系数来计算交叉效率，交叉效率的方法避免了获得仅为对自己有利的权系数及计算效率时的极端性，从自评与互评两个角度对每个决策单元进行评价。

但是 CCR 模型的自评最优权系数体系 ω_d^* 不唯一，交叉效率评价方法存在交叉效率评价值不稳定的问题。除了第二章提到的仁慈型与进取型两种交叉效率外，还有两种改进了的仁慈型与进取型交叉效率模型，与上述两模型不同的是，此时模型的互评主要是两两决策单元间的仁慈与进取关系。

采用仁慈型策略计算交叉效率，决策单元 p 基于 d 的仁慈型交叉效率如模型（3.3）所示，效率值为 $\overline{E}_{dp}$。决策单元 p 基于 d 的进取型交叉效率如模型（3.4）所示，效率值为$\underline{E}_{dp}$。

$$\max \quad \sum \mu'_r y_{rp} = \overline{E}_{dp}$$

$$\text{s. t.} \begin{cases} \sum_{i=1}^{m} \omega'_i x_{ij} - \sum_{r=1}^{s} \mu'_r y_{rj} \geqslant 0 \quad j = 1, 2, \cdots, n \\ \sum_{i=1}^{m} \omega'_i x_{ip} = 1 \\ E_{dd} \sum_{i=1}^{m} \omega'_i x_{id} = \sum_{r=1}^{s} \mu'_r y_{rd} \\ \omega'_i \geqslant 0 \quad i = 1, 2, \cdots, m \\ \mu'_r \geqslant 0 \quad r = 1, 2, \cdots, s \end{cases} \tag{3.3}$$

$$\min \quad \sum_{r=1}^{s} \mu'_r y_{rp} = \underline{E}_{dp}$$

$$\text{s. t.} \begin{cases} \sum_{i=1}^{m} \omega'_i x_{ij} - \sum_{r=1}^{s} \mu'_r y_{rj} \geqslant 0 \quad j = 1, 2, \cdots, n \\ \sum_{i=1}^{m} \omega'_i x_{ip} = 1 \\ E_{dd} \sum_{i=1}^{m} \omega'_i x_{id} = \sum_{r=1}^{s} \mu'_r y_{rd} \\ \omega'_i \geqslant 0 \quad i = 1, 2, \cdots, m \\ \mu'_r \geqslant 0 \quad r = 1, 2, \cdots, s \end{cases} \tag{3.4}$$

因此，决策单元 p 的平均仁慈型交叉效率为：$\overline{E}_p = \frac{1}{n}\sum_{d=1}^{n}\overline{E}_{dp}$，决策单元 p 的平均进取型交叉效率为：$\underline{E}_p = \frac{1}{n}\sum_{d=1}^{n}\underline{E}_{dp}$。

同理，根据模型（3.3）与模型（3.4）均可得到表 2.1 所示结构的交叉效率矩阵。利用塞克斯顿的交叉模型所获得的权系数的随意性较大，仁慈型模型从利他的角度来获得权系数，而进取型从利己的角度获得权系数，后两种模型对权系数的取值范围进行了限制，更容易得到唯一的交叉效率分数值，这样的限制性条件实际是在不同的主观假设下得到的，因此，不同的偏好或假设就会得到不同的效率分数计算结果。此三者模型从不同角度计算了交叉效率，具有一定代表性。因此，本书以这三种模型为例分别构建交叉效率矩阵，对每个交叉效率矩阵进行基于粗糙集的属性约简及基于熵权的有向距离指数的二级排序，从而获得单元的全排序结果，并对这三种模型得到的排序结果加以对比分析。

3.2.2　基于粗糙集的交叉效率属性约简

多数情况下，决策对象形成的决策表中存在某些对决策任务无关或不重要的属性。在粗糙集理论框架下，如果去除这些冗余属性，即进行属性约简或特征选择，找到最小的相关属性集（约简后的属性集），该属性集具有与全部属性相同的分类决策能力。

对于交叉效率分数得到的交叉效率矩阵（如表 2.1 所示），由于效率分数为有限区间内的数值，且效率分值越高，得到的评价越高，即存在序关系。因此，该矩阵可视为基于效率分数优势关系的连续值信息系统，每个被参考的 DMU 均可看作一个评价指标或属性，而每个被评单元都是一个评价对象。根据粗糙集理论可知，效率分值的连续值信息系统中的多个属性并不同等重要，而且也不是属性越多决策结果越合理，即存在信息冗余问题。通过属性约简可以消除冗余属性。属性约简简化了分类的标准，同时更深刻地认识分类的实质，而排序的实质就是要给出更为精细化的分类。因此，利用约简后的属性得到的排序能从本质上反映排序先后的差别。基于表 2.1，本章构造的交叉效率分值信息系统如表 3.1 所示。

表 3.1　　交叉效率分数的信息系统的数据结构

目标 DMU	DMU					
	$1(a_1)$	$2(a_2)$	…	$d(a_d)$	…	$n(a_n)$
$DMU_i(x_i)$	f_1	f_2	…	f_d	…	f_n

据表 3.1，结合优势关系属性约简的相关定义，本书参考张文修等人[144]的描述。

定义 3.1　设（U，A，F）是连续值信息系统，其中 $U=(x_1, x_2, \cdots, x_n)$ 为对象集，$A=(a_1, a_2, \cdots, a_n)$ 为属性集，$F=\{f_l: U\to V_l(l\leqslant m)\}$ 为对象与属性之间的关系集，V_l 为属性 a_l 的有限值域，对于任意属性集 $B\subseteq A$，记：

$$R_B^{\geqslant}=\{(x_i, x_j)\in U^2 \mid f_l(x_i)\geqslant f_l(x_j)(a_l\in B)\} \tag{3.5}$$

称 $R_B^{\geqslant}$ 为（U，A，F）上的优势关系，$(x_i, x_j)\in R_B^{\geqslant}$ 表示对象 x_i 在属性集 B 上优于对象 x_j。

记 $D^{>}(x_i, x_j) = \{a_l \mid f_l(x_i) > f_l(x_j)\}$，则辨识矩阵为：

$$Q = \{D^{>}(x_i, x_j) \neq \Phi \mid x_i, x_j \in U\} \quad (3.6)$$

根据以上优势关系的辨识矩阵的定义，可构造关于交叉效率分数的辨识矩阵，在辨识矩阵中求取最小辨识属性集 B，根据以下定义及定理可计算每个对象的优势类及进行优势度比较。

定理 3.1　对于连续值信息系统（U，A，F），当 x_i，$x_j \in U$ 时，总存在 U 上的一种全序关系，当 $x_i >_A x_j$ 时有 $x_i > x_j$。若约简集是唯一的，则由粗糙集方法确定的全序关系是唯一的。若约简集不是唯一的，则由粗糙集确定的全序关系是不唯一的，但是对于不同约简集确定的全序关系仍然有性质：当 $x_i >_A x_j$ 时，$x_i > x_j$ 成立。

从定理 3.1 可知，由粗糙集方法总可以得到对象的某种排序，而且无论约简属性集是否唯一，得出的排序在可比较的对象上是一致的。

定理 3.2　若 $B \subseteq A$，$R_B^{\geqslant} \subseteq R_A^{\geqslant}$，则 $x_i >_B x_j$ 当且仅当 $x_i >_A x_j$。

由定理 3.2 可知，若 B 是连续值信息系统（U，A，F）在优势关系下的属性约简集，则通过属性集 B 排序与通过属性集 A 排序的结果是相同的。

定义 3.2　基于优势关系的定义，记 $[x_i]_B^{\geqslant} = \{x_j \mid (x_j, x_i) \in R_B^{\geqslant}\}$，$[x_i]_B^{\geqslant}$ 表示在属性集 B 条件下，优于对象 x_i 的所有集合，称为 x_i 的优势类。

定义 3.3　若（U，A，F）是连续值信息系统，给出优势关系 $R_B^{\geqslant}$，若 $R_B^{\geqslant} = R_A^{\geqslant}$，称 B 为优势协调集，若 B 是优势协调集，且 B 的任何真子集都不是优势协调集，称 B 为优势关系下的属性约简集，简称优势约简集。优势约简集去掉了冗余属性，是找到的优势关系不变的最小属性集，优势约简集简化了对象间的比较。

定义 3.4 对于优势类 $[x_i]_B^{\geqslant}$ 和 $[x_j]_B^{\geqslant}(x_i, x_j \in U)$，可定义属性集 B 条件下，对象 x_i 优于 x_j 的程度为：

$$R_B(x_i, x_j) = \frac{|\sim[x_i]_B^{\geqslant} \cup [x_j]_B^{\geqslant}|}{|n|} \tag{3.7}$$

其中，$|\cdot|$ 表示集合元素的个数，n 表示对象的个数。在属性集 B 下，对象 x_i 的综合优势度为：

$$R_B(x_i) = \frac{1}{n-1}\sum_{j \neq i} R_B(x_i, x_j) \tag{3.8}$$

根据模型（3.6）及相关定理可以获得约简后的重要属性集，再依据模型（3.7）与模型（3.8），可以在约简后的属性集上计算每个决策单元两两比较后的相对优势度及在此基础上集结形成的某个决策单元的综合优势度，最后利用综合优势度对所有决策单元进行比较及排序。

3.2.3 基于熵权法的序数型有向距离指数

属性约简获取了分类的重要属性，从本质上区分了对象的差异，基于此的优势度方法虽然能够进行有效的排序，但还是会存在并列排序的现象。这是由于优势度方法中忽略了其他的一些属性，丢失了部分信息。为了对同一优势度级别的对象细分，应该利用对象的所有属性信息。另外，由于优势度指标获得的结果均为序数值，本书提出了基于熵权的序数型数据的有向距离指数模型。

从现有研究来看，属性特征评价中基于信息熵的度量标准日益受到重视。信息中排除冗余信息后的平均信息量定义为“信息熵”，信息熵是有效地度量指标的信息含量、信息结构、不确定性的工具。熵权法在很大程度上避免了人为因素的干扰，熵权并非反映指标的重要性的系数，而是利用客观数据对各指标在竞争意义上的相对激烈程度系数进行测算。某指标的熵越大，熵权越小，如果评价对象在某个指标上的值完全相等，熵值达到最大值1，该指标的熵权为0，这就意味着决策者从该指标中得不到任何有用的信息，那么该指标没有任何作用。

基于香农的信息熵的定义，在m个评价对象和n个评价指标的情形下，若第j个指标下第i个评价对象的值为e_{ij}，则第j个指标的信息熵可定义为：

$$H_j = \sum_{i=1}^{m} p_{ij} \cdot \ln p_{ij} \quad j = 1, 2, \cdots, n$$

其中，$p_{ij} = \dfrac{e_{ij}}{\sum_{i=1}^{m} e_{ij}}$

则其中第j个指标的熵权为：$\omega_j = \dfrac{1 - H_j}{\sum_{j=1}^{n}(1 - H_j)}$。

如果考虑信息系统的信息补集增益，梁吉业等人将信息熵的定义扩展到互补熵，第j个指标的互补熵E_j计算公式如下：

$$E_j = \sum_{i=1}^{m} p_{ij} \cdot (1 - p_{ij}) \quad j = 1, 2, \cdots, n$$

其中，$p_{ij} = \dfrac{e_{ij}}{\sum_{i=1}^{m} e_{ij}}$，则其中第j个指标的互补熵权为：

$$\omega_j = \frac{1 - E_j}{\sum_{j=1}^{n}(1 - E_j)} \tag{3.9}$$

指标值的无序程度越高，互补熵值越大，则相应的互补熵权越小，此指标的重要性越小，提供的有用信息越少。基于熵权的序数型有向距离指数从信息量角度对所有指标进行综合度量。

定义3.5 设（U，A，F）是一个序数值信息系统，x_i，$x_j \in U$，关于属性 a_l，对象 x_i 相对于对象 x_j 的基于熵权的序数型有向距离指数定义为：

$$DDI_{a_l}(x_i, x_j) = \frac{a_l(x_i) - a_l(x_j)}{|U| - 1} \tag{3.10}$$

定义3.6 设（U，A，F）是一个序数值信息系统，$DDI_{a_l}(x_i, x_j)$ 只考虑了方案 x_i 与 x_j 在属性 a_l 上的排序的优劣程度，不失一般性，将它扩展到某一属性集上，属性集A上基于熵权的序数型有向距离指数定义为：

$$DDI_A^*(x_i, x_j) = \sum_{\forall a_l \in A} \frac{\omega_{a_l}}{\sum_{\forall a_l \in A} \omega_{a_l}} DDI_{a_l}(x_i, x_j) \quad x_i, x_j \in U \tag{3.11}$$

性质　根据以上定义，可得如下性质：

（1）$-1 \leqslant DDI_A^*(x_i, x_j) \leqslant 1$；

（2）若 $(x_i, x_j) \in R_A^{\geqslant}$，则 $DDI_A^*(x_i, x_j) \leqslant 0$；

（3）若 $(x_j, x_k) \in R_A^{\geqslant}$，则 $DDI_A^*(x_i, x_j) \geqslant DDI_A^*(x_i, x_k)$；

（4）若 $DDI_A^*(x_i, x_j) \leqslant 0$ 且 $DDI_A^*(x_j, x_k) \leqslant 0$，则 $DDI_A^*(x_i, x_k) \leqslant 0$；

（5）$DDI_A^*(x_i, x_j) + DDI_A^*(x_j, x_i) = 0$；

（6）若 $(x_i, x_j) \in R_A^{\geqslant}$ 且 $(x_j, x_i) \in R_A^{\geqslant}$，则 x_i 与 x_j 等价。

证明：(1) 由定义可知，$1-|U| \leqslant a_l(x_i)-a_l(x_j) \leqslant |U|-1 \Leftrightarrow -1 \leqslant \frac{a_l(x_i)-a_l(x_j)}{|U|-1} \leqslant 1$，所以 $-1 \leqslant \sum_{\forall a_l \in A} \frac{\omega_{a_l}}{\sum_{\forall a_l \in A} \omega_{a_l}} DDI_{a_l}(x_i, x_j) \leqslant 1$，即证。

(2) 已知 $(x_i, x_j) \in R_A^{\geqslant}$，由于它们都是序数性数据，显然 $DDI_A^*(x_i, x_j) \leqslant 0$。

(3) 已知 $(x_j, x_k) \in R_A^{\geqslant}$，由 (2) 可知 $DDI_A^*(x_j, x_k) \leqslant 0$，因此，可以推出：

$$DDI_A^*(x_i, x_j) - DDI_A(x_i, x_k) = \sum_{\forall a_l \in A} \frac{\omega_{a_l}}{\sum_{\forall a_l \in A} \omega_{a_l}} \frac{a_l(x_i)-a_l(x_j)}{|U|-1} - \sum_{\forall a_l \in A} \frac{\omega_{a_l}}{\sum_{\forall a_l \in A} \omega_{a_l}} \frac{a_l(x_i)-a_l(x_k)}{|U|-1} = \sum_{\forall a_l \in A} \frac{\omega_{a_l}}{\sum_{\forall a_l \in A} \omega_{a_l}} \frac{a_l(x_k)-a_l(x_j)}{|U|-1} = -DDI_A^*(x_j, x_k) \geqslant 0$$

即 $DDI_A^*(x_i, x_j) \geqslant DDI_A^*(x_i, x_k)$

(4) 已知 $DDI_A^*(x_i, x_j) \leqslant 0$ 且 $DDI_A^*(x_j, x_k) \leqslant 0$，因此，

$$DDI_A^*(x_i, x_k) = \sum_{\forall a_l \in A} \frac{\omega_{a_l}}{\sum_{\forall a_l \in A} \omega_{a_l}} \frac{a_l(x_i)-a_l(x_k)}{|U|-1} = \sum_{\forall a_l \in A} \frac{\omega_{a_l}}{\sum_{\forall a_l \in A} \omega_{a_l}} \frac{[a_l(x_i)-a_l(x_j)]+[a_l(x_j)-a_l(x_k)]}{|U|-1} = \sum_{\forall a_l \in A} \frac{\omega_{a_l}}{\sum_{\forall a_l \in A} \omega_{a_l}} \frac{a_l(x_i)-a_l(x_j)}{|U|-1} + \sum_{\forall a_l \in A} \frac{\omega_{a_l}}{\sum_{\forall a_l \in A} \omega_{a_l}} \frac{a_l(x_j)-a_l(x_k)}{|U|-1} DDI_A^*(x_i, x_j) + DDI_A^*(x_j, x_k) \leqslant 0。$$

(5) $DDI_A^*(x_i, x_j) + DDI_A^*(x_j, x_i)$

$$= \sum_{\forall a_l \in A} \frac{\omega_{a_l}}{\sum_{\forall a_l \in A} \omega_{a_l}} \frac{a_l(x_i)-a_l(x_j)}{|U|-1} + \sum_{\forall a_l \in A} \frac{\omega_{a_l}}{\sum_{\forall a_l \in A} \omega_{a_l}} \frac{a_l(x_j)-a_l(x_i)}{|U|-1} = 0$$

(6) 已知 $(x_i, x_j) \in R_A^{\geqslant}$ 且 $(x_j, x_i) \in R_A^{\geqslant}$，由性质 (2) 可知 $DDI_A^*(x_i, x_j) \leqslant 0$ 且 $DDI_A^*(x_j, x_i) \leqslant 0$，则 $DDI_A^*(x_i, x_j) = 0$，即得证。

基于上述两种方法的二级排序步骤可概括为：

第1步：基于DEA模型计算所有单元的交叉效率分数；

第2步：构建关于交叉效率分数的连续值信息系统，基于优势关系中的辨识矩阵对该连续值信息系统进行属性约简，从而获得刻画系统特征的重要指标；

第3步：利用所获得的信息系统的重要指标对所有被评单元进行优势度排序；

第4步：对同一位置上无法辨别的多个单元，基于优势度构建其序数值信息系统，利用基于熵权的有向距离指数进行二级排序。

综上所述，基于粗糙集的优势度方法在保持效率分值序信息系统分类能力不变的前提下，根据所选择的重要特征指标对所有决策单元进行了分类与排序，而基于熵权的序数有向距离指数的全序化方法从所有指标的竞争中综合度量决策单元之间的优劣程度，该方法以数据本身为出发点，对对象的评价也主要基于客观的数据资料，极大地减少了人为因素的干扰，结果更容易被接受。

3.3 实例分析

3.3.1 算例1

本节以文献［145］中的投入产出数据为例，投入产出数据见该文献。该组有 5 个 DMU，每个 DMU 有 3 个投入和 2 个产出，求解 CCR 模型后，表 3.2 为基于塞克斯顿模型的交叉效率分数。

表 3.2　　　基于塞克斯顿模型得到的交叉效率分数矩阵

U	a_1	a_2	a_3	a_4	a_5	ave
$DMU_1(x_1)$	0.6857	0.4478	0.3710	0.4587	0.4082	0.47428
$DMU_2(x_2)$	0.9333	1.0000	0.7487	1.0000	0.7143	0.87926
$DMU_3(x_3)$	1.0000	0.9965	1.0000	0.9313	1.0000	0.98556
$DMU_4(x_4)$	0.8000	0.7323	0.2092	0.8571	0.1786	0.55544
$DMU_5(x_5)$	0.4500	0.4643	0.6402	0.3817	0.8571	0.55866

根据定义 3.1 并利用表 3.2 中所示的交叉效率分数矩阵，可获得效率分数的辨识矩阵，如表 3.3 所示。

根据辨识矩阵，可得到辨识矩阵的非空辨识集为 $Q = \{\{a_3, a_5\}, \{a_1, a_4\}, \{a_2, a_4\}, \{a_1, a_2, a_4\}, \{a_1, a_3, a_5\}, \{a_2, a_3, a_5\}, \{a_1, a_2, a_3, a_4\}, A\}$。基于该非空辨识集，得到最小辨识属性集为 $B = \{a_3, a_4\}$，根据定理及属性集 B 计算每个对象的优势类如下：$[x_1]_B^{\geqslant} = \{x_1, x_2, x_3\}$，$[x_2]_B^{\geqslant} = \{x_2\}$，$[x_3]_B^{\geqslant} = \{x_3\}$，$[x_4]_B^{\geqslant} = \{x_2, x_3, x_4\}$，$[x_5]_B^{\geqslant} = \{x_2, x_3, x_5\}$。

表 3.3　　　交叉效率分数的辨识矩阵

U	x_1	x_2	x_3	x_4	x_5
x_1	Ø	Ø	Ø	a_3, a_5	a_1, a_4
x_2	A	Ø	a_2, a_4	A	a_1, a_2, a_3, a_4
x_3	A	a_1, a_3, a_5	Ø	A	A

续表

U	x_1	x_2	x_3	x_4	x_5
x_4	a_1，a_2，a_4	Ø	Ø	Ø	a_1，a_2，a_4
x_5	a_2，a_3，a_5	a_5	Ø	a_3，a_5	Ø

根据优势类可获得对象两两比较的优势度矩阵，如表3.4所示，根据该表得到每个对象的综合优势度为 $R_B(x_1)=\frac{7}{10}$，$R_B(x_2)=\frac{19}{20}$，$R_B(x_3)=\frac{19}{20}$，$R_B(x_4)=\frac{7}{10}$，$R_B(x_5)=\frac{7}{10}$。基于辨识矩阵的粗糙集方法通过属性约简，从优势度的角度对所有被评单元进行了分类，即该方法将所有对象分成两类，对象 x_2、x_3 为一类，而 x_1、x_4、x_5 为一类，前者较后者的优势度高，但在每一类内单元的优劣度还不可区分，因此，采用基于熵权的有向距离指数对每类内的所有单元进行排序。

表3.4　　两两比较的优势度矩阵

$R_B(x_i, x_j)$	x_1	x_2	x_3	x_4	x_5
x_1	1	3/5	3/5	4/5	4/5
x_2	1	1	4/5	1	1
x_3	1	4/5	1	1	1
x_4	4/5	3/5	3/5	1	4/5
x_5	4/5	3/5	3/5	4/5	1

x_2x_3 为一类，利用熵权法获得其权重向量为 $w^1=\{0.1994, 0.1994, 0.2007, 0.1994, 0.2011\}$，利用基于熵权的序数型有向

距离指数 $DDI_A^*(x_2, x_3)=0.4035>0$，根据序数型有向距离指数的相关性质得到该类内所有方案的排序结果为 $x_3 \geqslant x_2$。x_1、x_4、x_5 为一类，利用熵权法获得其权重向量为 $w^2=\{0.1921, 0.1921, 0.2029, 0.1980, 0.2150\}$，同样根据有向距离指数得到该类内方案的排序结果为 $x_5 \geqslant x_4 \geqslant x_1$。

至此，所有方案排序结束，最终排序结果为 $x_3 \geqslant x_2 \geqslant x_5 \geqslant x_4 \geqslant x_1$。

若采用仁慈模型，得到的交叉效率分数矩阵如表 3.5 所示，约简后的最小辨识集为 $B=\{a_4, a_5\}$ 或 $B=\{a_1, a_5\}$，根据定理 3.1，本书取最小约简集 $B=\{a_1, a_5\}$ 进行优势度比较后，得到的最终排序为 $x_3 \geqslant x_2 \geqslant x_5 \geqslant x_4 \geqslant x_1$，与之前塞克斯顿模型下的交叉效率矩阵得到的排序一致。

表 3.5　　基于仁慈型模型得到的交叉效率分数矩阵

U	a_1	a_2	a_3	a_4	a_5	ave
$DMU_1(x_1)$	0.6857	0.5714	0.5714	0.5714	0.4082	0.56162
$DMU_2(x_2)$	0.9333	1.0000	1.0	1.0	0.7143	0.92952
$DMU_3(x_3)$	1.0000	1.0000	1.0000	1.0000	1.0000	1.0000
$DMU_4(x_4)$	0.8	0.75	0.75	0.8571	0.1786	0.66714
$DMU_5(x_5)$	0.45	0.6	0.6	0.4286	0.8571	0.58714

若采用进取模型，得到的交叉效率分数矩阵如表 3.6 所示，约简后的最小辨识集为 $B=\{a_4, a_5\}$ 或 $B=\{a_2, a_5\}$，根据定理 3.1 取最小约简集 $B=\{a_2, a_5\}$。首先利用综合优势度模型，得到的排序为 $x_3 \geqslant x_2 \geqslant x_5 \geqslant x_4 \sim x_1$，因此，需要对 DMU_4 与

DMU_1 应用有向距离指数法进行二次排序，在二次排序中，基于熵权法得到的权重为：0.195，0.2023，0.1964，0.2023，0.2040，基于模型（3.7）与模型（3.8）得到 $x_4 \geqslant x_1$，模型得到的最终排序为 $x_3 \geqslant x_2 \geqslant x_5 \geqslant x_4 \geqslant x_1$。

表 3.6　　基于进取型模型得到的交叉效率分数矩阵

U	a_1	a_2	a_3	a_4	a_5	ave
$DMU_1(x_1)$	0.6857	0.4082	0.3265	0.4082	0.4082	0.44736
$DMU_2(x_2)$	0.9333	1.0000	0.8	1.0	0.7143	0.88952
$DMU_3(x_3)$	1.0000	0.8929	1.0000	0.8929	1.0000	0.95716
$DMU_4(x_4)$	0.8	0.8571	0.2286	0.8571	0.1786	0.58428
$DMU_5(x_5)$	0.45	0.3571	0.5714	0.3571	0.8571	0.51854

基于塞克斯顿仁慈与进取模型所构建的交叉效率矩阵，在进行传统的取均值过程后其排序结果如表 3.7 所示，综合以上结果可以看出，利用粗糙集进行的二级排序的结果从数据本身特征出发对决策单元进行排序，更多地减少了人为因素的干扰，三种模型排序结果均相同，这样的排序结果更有利于被评价者接受，表明了基于粗糙集排序的有效性及优越性。

表 3.7　　基于交叉效率均值排序与二级排序的比较

模型	基于均值的排序	基于本书提出的二级排序
塞克斯顿型	$x_3 \geqslant x_2 \geqslant x_5 \geqslant x_4 \geqslant x_1$	$x_3 \geqslant x_2 \geqslant x_5 \geqslant x_4 \geqslant x_1$
仁慈型	$x_3 \geqslant x_2 \geqslant x_4 \geqslant x_5 \geqslant x_1$	$x_3 \geqslant x_2 \geqslant x_5 \geqslant x_4 \geqslant x_1$
进取型	$x_3 \geqslant x_2 \geqslant x_4 \geqslant x_5 \geqslant x_1$	$x_3 \geqslant x_2 \geqslant x_5 \geqslant x_4 \geqslant x_1$

由于最理想的特征选择（属性约简）过程是通过搜索全部的候选特征子集来寻找最优的特征子集，然而对一个有N个特征的数据集，则会有2^N个候选特征子集。搜索全部的特征子集已被证明是一个NP－困难的问题，其过程是非常耗时的。因此，在候选特征子集较多时，可采用启发式或随机等搜索策略以降低性能为代价来提高计算效率。

3.3.2 算例2

该算例数据来源于《中国金融统计年鉴（2015）》。对于中国16家上市银行，基于优势粗糙集模型及序数型有向距离指数二级排序模型进行了效率分值的计算及排序。首先基于塞克斯顿交叉效率模型获得交叉效率矩阵，再依据二级排序法进行优势度的比较。由于塞克斯顿交叉效率得到的交叉效率矩阵中存在某些单元的效率分值是完全相同的，因此，继续采用进取型交叉效率模型对完全相同效率分值的单元进行再评价，从而根据有向距离指数进行最后的全序化。

计算步骤：

第一步：计算16家银行的塞克斯顿交叉效率矩阵，如表3.8所示。

第二步：基于交叉效率矩阵计算其辨识矩阵，如表3.9所示，并提取非空辨识集与最小辨识集。

表 3.8 16家银行的塞克斯顿交叉效率矩阵

DMU	1	2	3	4	5	6	7	8	9	10	11	12	13	14	15	16
1	1.0000	0.2912	0.6289	0.4500	0.2522	0.4266	0.2259	0.4956	0.4985	0.2288	0.2294	0.2528	0.4122	0.2806	0.2246	0.5977
2	0.9829	0.9819	1.0000	0.9751	0.7672	0.9489	0.9154	0.9151	1.0000	0.4797	0.6973	0.6291	0.5782	0.6652	0.5962	0.6837
3	0.8895	0.6036	1.0000	0.8601	0.5269	0.8260	0.5389	0.8167	0.7600	0.2900	0.4891	0.3674	0.3802	0.4261	0.3544	0.5898
4	0.9829	0.9819	1.0000	0.9751	0.7672	0.9489	0.9154	0.9151	1.0000	0.4797	0.6973	0.6291	0.5782	0.6652	0.5962	0.6837
5	0.9829	0.9819	1.0000	0.9751	0.7672	0.9489	0.9154	0.9151	1.0000	0.4797	0.6973	0.6291	0.5782	0.6652	0.5962	0.6837
6	0.9829	0.9819	1.0000	0.9751	0.7672	0.9489	0.9154	0.9151	1.0000	0.4797	0.6973	0.6291	0.5782	0.6652	0.5962	0.6837
7	0.9829	0.9819	1.0000	0.9751	0.7672	0.9489	0.9154	0.9151	1.0000	0.4797	0.6973	0.6291	0.5782	0.6652	0.5962	0.6837
8	0.9829	0.9819	1.0000	0.9751	0.7672	0.9489	0.9154	0.9151	1.0000	0.4797	0.6973	0.6291	0.5782	0.6652	0.5962	0.6837
9	0.5871	0.4747	0.7538	0.5643	0.4951	0.5577	0.4541	0.6786	1.0000	0.2799	0.5703	0.3999	0.6135	0.4249	0.4555	0.7760
10	0.8357	0.9657	0.8048	0.7857	0.7345	0.7712	0.9127	0.7777	1.0000	0.5549	0.6832	0.7585	0.7168	0.7169	0.7229	0.6585
11	0.9829	0.9819	1.0000	0.9751	0.7672	0.9489	0.9154	0.9151	1.0000	0.4797	0.6973	0.6291	0.5782	0.6652	0.5962	0.6837
12	0.8357	0.9657	0.8048	0.7857	0.7345	0.7712	0.9127	0.7777	1.0000	0.5549	0.6832	0.7585	0.7168	0.7169	0.7229	0.6585
13	1.0000	0.8173	0.8906	0.8115	0.6509	0.7894	0.7103	0.8249	1.0000	0.5301	0.5999	0.6725	0.7541	0.6695	0.6228	0.7543
14	0.8357	0.9657	0.8048	0.7857	0.7345	0.7712	0.9127	0.7777	1.0000	0.5549	0.6832	0.7585	0.7168	0.7169	0.7229	0.6585
15	0.8357	0.9657	0.8048	0.7857	0.7345	0.7712	0.9127	0.7777	1.0000	0.5549	0.6832	0.7585	0.7168	0.7169	0.7229	0.6585
16	0.9808	0.5089	0.9690	0.6975	0.4835	0.6761	0.4323	0.8160	0.9924	0.3515	0.4863	0.4424	0.7317	0.4811	0.4412	1.0000

表 3.9　基于交叉效率矩阵构建的辨识矩阵

DMU	1	2	3	4	5	6	7	8
1	Ø	a_1	a_1，a_3，a_{16}	a_1	a_1	a_1	a_1	a_1
2	a_2-a_{16}	Ø	A	Ø	Ø	Ø	Ø	Ø
3	a_2-a_{16}	A	Ø	Ø	Ø	Ø	Ø	Ø
4	a_2-a_{16}	A	A	Ø	Ø	Ø	Ø	Ø
5	a_2-a_{16}	A	A	A	Ø	Ø	Ø	Ø
6	a_2-a_{16}	A	A	A	A	Ø	Ø	Ø
7	a_2-a_{16}	A	A	A	A	A	Ø	Ø
8	a_2-a_{16}	A	A	A	A	A	A	Ø
9	a_2-a_{16}	a_9，a_{13}，a_{16}	a_9，$a_{11}-a_{16}$	a_9，a_{13}，a_{16}	a_9，a_{13}，a_{16}	a_9，a_{13}，a_{16}	a_9，a_{13}，a_{16}	a_9，a_{13}，a_{16}
10	a_2-a_{16}	a_7，a_9，a_{10}，$a_{12}-a_{15}$	a_5，a_7，a_9-a_{16}	a_9，a_{10}，$a_{12}-a_{15}$	a_9，a_{10}，$a_{12}-a_{15}$	a_9，a_{10}，a_{12}，$-a_{15}$	a_9，a_{10}，$a_{12}-a_{15}$	a_9，a_{10}，$a_{12}-a_{15}$
11	a_2-a_{16}	A	A	A	A	A	A	A
12	a_2-a_{16}	a_7，a_9，a_{10}，$a_{12}-a_{15}$	a_1，a_3，a_4，a_6，a_8	a_7，a_9，a_{10}，$a_{12}-a_{15}$	a_9，a_{10}，$a_{12}-a_{15}$	a_9，a_{10}，a_{12}，$-a_{15}$	a_9，a_{10}，$a_{12}-a_{15}$	a_9，a_{10}，$a_{12}-a_{15}$

续表

DMU	1	2	3	4	5	6	7	8
13	A	a_1，a_9，a_{10}，$a_{12}-a_{16}$	a_1，a_2，a_5，a_7-a_{16}	a_1，a_9，a_{10}，$a_{12}-a_{16}$	a_1，a_9，a_{10}，$a_{12}-a_{16}$	a_1，a_9，a_{10}，$a_{12}-a_{16}$	a_1，a_9，a_{10}，$a_{12}-a_{16}$	a_1，a_9，a_{10}，$a_{12}-a_{16}$
14	a_2-a_{16}	a_7，a_9，a_{10}，$a_{12}-a_{15}$	a_2，a_5，a_7，a_9-a_{16}	a_7，a_9，a_{10}，$a_{12}-a_{15}$	a_7，a_9，a_{10}，$a_{12}-a_{15}$	a_7，a_9，a_{10}，$a_{12}-a_{15}$	a_7，a_9，a_{10}，$a_{12}-a_{15}$	a_7，a_9，a_{10}，$a_{12}-a_{15}$
15	a_2-a_{16}	a_7，a_9，a_{10}，$a_{12}-a_{15}$	a_2，a_5，a_7，a_9-a_{16}	a_7，a_9，a_{10}，$a_{12}-a_{15}$	a_7，a_9，a_{10}，$a_{12}-a_{15}$	a_7，a_9，a_{10}，$a_{12}-a_{15}$	a_7，a_9，a_{10}，$a_{12}-a_{15}$	a_7，a_9，a_{10}，$a_{12}-a_{15}$
16	a_2-a_{16}	a_1，a_{13}，a_{16}	a_1，a_8-a_{16}	a_1，a_{13}，a_{16}	a_1，a_{13}，a_{16}	a_1，a_{13}，a_{16}	a_1，a_{13}，a_{16}	a_1，a_{13}，a_{16}
DMU	9	10	11	12	13	14	15	16
1	a_1	a_1	a_1	a_1	Ø	a_1	a_1	a_1
2	a_1-a_8，$a_{10}-a_{15}$	a_1-a_6，a_8，a_{11}，a_{16}	Ø	a_1-a_8，$a_{10}-a_{15}$	a_2-a_8，a_{11}	a_1-a_6，a_8，a_{11}，a_{16}	a_2-a_8，a_{11}	a_2，a_3，$-a_{12}$，a_{14}，a_{15}
3	a_1-a_8，a_{10}	a_1，a_3，a_4，a_6，a_8	Ø	a_1，a_3，a_4，a_6，a_8	a_3，a_4，a_6	a_1，a_3，a_4，a_6，a_8	a_1，a_3，a_4，a_6，a_8	a_2-a_7
4	a_1-a_8，$a_{10}-a_{12}$，a_{14}，a_{15}	a_1-a_8，a_{11}，a_{16}	Ø	a_1-a_8，$a_{10}-a_{15}$	a_2-a_8，a_{11}	a_1-a_8，$a_{10}-a_{15}$	a_1-a_8，$a_{10}-a_{15}$	a_2-a_{12}，a_{14}，a_{15}

续表

DMU	9	10	11	12	13	14	15	16
5	a_1-a_8，$a_{10}-a_{12}$，a_{14}，a_{15}	a_1-a_8，a_{11}，a_{16}	Ø	a_1-a_8，a_{11}，a_{16}	a_2-a_8，a_{11}	a_1-a_6，a_8，a_{11}，a_{16}	a_1-a_6，a_8，a_{11}，a_{16}	a_2-a_{12}，a_{14}，a_{15}
6	a_1-a_8，$a_{10}-a_{12}$，a_{14}，a_{15}	a_1-a_6，a_8，a_{11}，a_{16}	Ø	a_1-a_6，a_8，a_{11}，a_{16}	a_2-a_8，a_{11}	a_1-a_6，a_8，a_{11}，a_{16}	a_1-a_6，a_8，a_{11}，a_{16}	a_2-a_{12}，a_{14}，a_{15}
7	a_1-a_8，$a_{10}-a_{12}$，a_{14}，a_{15}	a_1-a_6，a_8，a_{11}，a_{16}	Ø	a_1-a_6，a_8，a_{11}，a_{16}	a_2-a_8，a_{11}	a_1-a_6，a_8，a_{11}，a_{16}	a_1-a_6，a_8，a_{11}，a_{16}	a_2-a_{12}，a_{14}，a_{15}
8	a_1-a_8，$a_{10}-a_{12}$，a_{14}，a_{15}	a_1-a_6，a_8，a_{11}，a_{16}	Ø	a_1-a_6，a_8，a_{11}，a_{16}	a_2-a_8，a_{11}	a_1-a_6，a_8，a_{11}，a_{16}	a_1-a_6，a_8，a_{11}，a_{16}	a_2-a_{12}，a_{14}，a_{15}
9	Ø	a_1-a_6，a_8，a_{11}，a_{16}	Ø	a_1-a_6，a_8，a_{11}，a_{16}	a_2-a_8，a_{11}	a_1-a_6，a_8，a_{11}，a_{16}	a_1-a_6，a_8，a_{11}，a_{16}	a_2-a_{12}，a_{14}，a_{15}
10	a_9，a_{10}，a_{12}，a_{13}，a_{14}，a_{15}	Ø	a_{10}，$a_{12}-a_{15}$	Ø	a_2，a_5，a_7，a_{10}，a_{12}，a_{14}，a_{15}	Ø	Ø	a_2，a_4-a_7，a_9-a_{12}，a_{14}，a_{15}
11	A	A	Ø	a_1-a_6，a_8，a_{11}，a_{13}，a_{14}，a_{16}	a_2-a_8，a_{11}	a_1-a_6，a_8，a_{11}，a_{16}	a_1-a_6，a_8，a_{11}，a_{16}	a_2-a_{12}，a_{14}，a_{15}

续表

DMU	9	10	11	12	13	14	15	16
12	a_7，a_9，a_{10}，$a_{12}-a_{15}$	A	a_7，a_9，a_{10}，$a_{12}-a_{15}$	Ø	a_2，a_5，a_7，a_{10}，a_{11}，a_{12}，a_{14}，a_{15}	Ø	Ø	a_2，a_4-a_7，a_9，a_{10}，a_{11}，a_{12}，a_{14}，a_{15}
13	a_1，a_9，a_{10}，$a_{12}-a_{16}$	a_1，a_3，a_4，a_6-a_9，a_{11}，a_{13}	a_1，a_9，a_{10}，$a_{12}-a_{16}$	a_1，a_3，a_4，a_6-a_9，a_{11}，a_{13}	Ø	a_1，a_3，a_4，a_6，a_8，a_{13}，a_{16}	a_1，a_3，a_4，a_6，a_8，a_{13}，a_{16}	a_1，a_2，a_4-a_{15}
14	a_7，a_9，a_{10}，$a_{12}-a_{15}$	A	a_7，a_9，a_{10}，$a_{12}-a_{15}$	A	a_2，a_5，a_7，a_9-a_{12}，a_{14}，a_{15}	Ø	Ø	a_2，a_4-a_7，a_9-a_{15}
15	a_7，a_9，a_{10}，$a_{12}-a_{15}$	A	a_7，a_9，a_{10}，$a_{12}-a_{15}$	A	a_2，a_5，a_7，a_9-a_{12}，a_{14}，a_{15}	Ø	Ø	a_2，a_4-a_7，a_9-a_{15}
16	a_1，a_{13}，a_{16}	a_1，a_3，a_8，a_{13}，a_{16}	a_1，a_{13}，a_{16}	a_1，a_{13}，a_{16}	a_3，a_{16}	a_1，a_3，a_8，a_{16}	a_1，a_3，a_8，a_{16}	Ø

根据辨识矩阵表 3.9，可得到辨识矩阵的非空辨识集为：

$Q = \{\{a_1\},$

$\{a_1, a_3, a_{16}\}$

$\{a_1, a_{13}, a_{16}\}$

$\{a_1, a_3, a_4, a_6, a_8\}$

$\{a_1, a_3, a_8, a_{13}, a_{16}\}$

$\{a_1, a_3, a_4, a_6, a_8, a_{13}, a_{16}\}$

$\{a_1, a_3, a_4, a_6, a_7, a_8, a_9, a_{11}, a_{13}\}$

$\{a_1, a_2, a_4, a_5, a_6, a_7, a_8, a_{10}, a_{11}, a_{12}, a_{13}, a_{14}, a_{15}\}$

$\{a_1, a_2, a_3, a_4, a_5, a_6, a_7, a_8, a_{10}, a_{11}, a_{12}, a_{14}, a_{15}\}$

$\{a_1, a_2, a_3, a_4, a_5, a_6, a_7, a_8, a_{10}\}$

$\{a_1, a_2, a_3, a_4, a_5, a_6, a_7, a_8, a_{10}, a_{11}, a_{12}, a_{13}, a_{14}, a_{15}\}$

$\{a_1, a_2, a_3, a_4, a_5, a_6, a_7, a_8, a_{11}, a_{16}\}$

$\{a_1, a_8, a_{10}, a_{11}, a_{12}, a_{13}, a_{14}, a_{15}, a_{16}\}$

$\{a_1, a_9, a_{10}, a_{12}, a_{13}, a_{14}, a_{15}, a_{16}\}$

$\{a_1, a_2, a_5, a_7, a_8, a_9, a_{10}, a_{11}, a_{12}, a_{13}, a_{14}, a_{15}, a_{16}\}$

$\{a_2, a_5, a_7, a_9, a_{10}, a_{11}, a_{12}, a_{13}, a_{14}, a_{15}, a_{16}\}$

$\{a_2, a_3, a_4, a_5, a_6, a_7, a_8, a_9, a_{10}, a_{11}, a_{12}, a_{14}, a_{15}, a_{16}\}$

$\{a_2, a_3, a_4, a_5, a_6, a_7, a_8, a_9, a_{10}, a_{11}, a_{12}, a_{14}, a_{16}\}$

$\{a_2, a_3, a_4, a_5, a_6, a_7\}$

$\{a_2, a_3, a_4, a_5, a_6, a_7, a_8, a_{11}\}$

$\{a_2, a_4, a_5, a_6, a_7, a_9, a_{10}, a_{11}, a_{12}, a_{14}, a_{15}\}$

$\{a_2, a_5, a_7, a_{10}, a_{12}, a_{14}, a_{15}\}$

$\{a_2, a_5, a_7, a_{10}, a_{11}, a_{12}, a_{14}, a_{15}\}$

$\{a_2, a_5, a_7, a_9, a_{10}, a_{11}, a_{12}, a_{14}, a_{15}\}$

$\{a_2, a_4, a_5, a_6, a_7, a_9, a_{10}, a_{11}, a_{12}, a_{13}, a_{14}, a_{15}\}$

$\{a_2, a_3, a_4, a_5, a_6, a_7, a_8, a_9, a_{10}, a_{11}, a_{12}, a_{13}, a_{14}, a_{15}, a_{16}\}$

$\{a_3, a_{16}\}$

$\{a_3, a_4, a_6\}$

$\{a_5, a_7, a_9, a_{10}, a_{11}, a_{12}, a_{13}, a_{14}, a_{15}, a_{16}\}$

$\{a_7, a_9, a_{10}, a_{12}, a_{13}, a_{14}, a_{15}\}$

$\{a_9, a_{13}, a_{16}\}$

$\{a_9, a_{11}, a_{12}, a_{13}, a_{14}, a_{15}, a_{16}\}$

$\{a_9, a_{10}, a_{12}, a_{13}, a_{14}, a_{15}\}$

A}

第三步：根据最小辨识集计算每个对象的优势类。

基于上述的该非空辨识集 Q，得到最小辨识属性集为 $B = \{a_1, a_2, a_3, a_5, a_9\}$，依据该最小辨识属性集得到每个对象的优势类如下：

$[x_1]_B^{\geqslant} = \{x_1, x_{13}\}$,

$[x_2]_B^{\geqslant} = [x_4]_B^{\geqslant} = [x_5]_B^{\geqslant} = [x_6]_B^{\geqslant} = [x_7]_B^{\geqslant} = [x_8]_B^{\geqslant} = [x_{11}]_B^{\geqslant} = \{x_2, x_4, x_5, x_6, x_7, x_8, x_{11}\}$,

$[x_3]_B^{\geqslant} = \{x_2, x_3, x_4, x_5, x_6, x_7, x_8, x_{11}\}$,

$[x_9]_B^{\geqslant} = \{x_2, x_4, x_5, x_6, x_7, x_8, x_9, x_{10}, x_{11}, x_{13}\}$,

$[x_{10}]_B^{\geqslant} = [x_{12}]_B^{\geqslant} = [x_{14}]_B^{\geqslant} = [x_{15}]_B^{\geqslant} = \{x_2, x_4, x_5, x_6, x_7, x_8, x_9, x_{10}, x_{11}, x_{12}, x_{14}, x_{15}\}$,

$[x_{13}]_B^{\geqslant} = \{x_{13}\}$,

$[x_{16}]_B^{\geqslant} = \{x_{16}\}$,

第四步：得到两两比较的优势度矩阵，并计算每个对象银行的综合优势度。

基于每个对象的优势类，得到两两比较的优势度矩阵如表 3.10 所示。

表 3.10　银行两两比较的优势度矩阵

R_B	1	2	3	4	5	6	7	8	9	10	11	12	13	14	15	16
1	1	7/8	7/8	7/8	7/8	7/8	7/8	7/8	15/16	7/8	7/8	7/8	15/16	7/8	7/8	15/16
2	3/4	1	1	1	1	1	1	1	1	1	1	1	3/4	1	1	3/4
3	1/2	15/16	1	15/16	15/16	15/16	15/16	15/16	15/16	15/16	15/16	15/16	1/2	15/16	15/16	1/2
4	3/4	1	1	1	1	1	1	1	1	1	1	1	3/4	1	1	3/4
5	3/4	1	1	1	1	1	1	1	1	1	1	1	3/4	1	1	3/4
6	3/4	1	1	1	1	1	1	1	1	1	1	1	3/4	1	1	3/4
7	3/4	1	1	1	1	1	1	1	1	1	1	1	3/4	1	1	3/4
8	3/4	1	1	1	1	1	1	1	1	1	1	1	3/4	1	1	3/4
9	7/16	13/16	13/16	13/16	13/16	13/16	13/16	13/16	1	15/16	13/16	15/16	7/16	15/16	15/16	3/8
10	1/4	11/16	11/16	11/16	11/16	11/16	11/16	11/16	1	1	11/16	1	1/4	1	1	1/4
11	3/4	1	1	1	1	1	1	1	1	1	1	1	3/4	1	1	3/4
12	1/4	11/16	11/16	11/16	11/16	11/16	11/16	11/16	1	1	11/16	1	1/4	1	1	1/4
13	1	15/16	15/16	15/16	15/16	15/16	15/16	15/16	1	15/16	15/16	15/16	1	15/16	15/16	15/16
14	1/4	11/16	11/16	11/16	11/16	11/16	11/16	11/16	1	1	11/16	1	1/4	1	1	1/4
15	1/4	11/16	11/16	11/16	11/16	11/16	11/16	11/15	1	1	11/16	1	1/4	1	1	1/4
16	15/16	15/16	15/16	15/16	15/16	15/16	15/16	15/16	15/16	15/16	15/16	15/16	15/16	15/16	15/16	1

根据表3.10，可计算出每个对象的综合优势度为：

$$R_B(x_1)=\frac{71}{80}$$

$$R_B(x_2)=R_B(x_4)=R_B(x_5)=R_B(x_6)=R_B(x_7)=R_B(x_8)=R_B(x_{11})=\frac{19}{20}$$

$$R_B(x_3)=\frac{17}{20}$$

$$R_B(x_9)=\frac{23}{30}$$

$$R_B(x_{10})=R_B(x_{12})=R_B(x_{14})=R_B(x_{15})=\frac{41}{60}$$

$$R_B(x_{13})=\frac{227}{240}$$

$$R_B(x_{16})=\frac{15}{16}$$

最后，可根据综合优势度将所有决策单元即16家银行分为七类，排名如下：（DMU_2，DMU_4，DMU_5，DMU_6，DMU_7，DMU_8，DMU_{11}）$\geqslant$ $DMU_{13}\geqslant DMU_{16}\geqslant DMU_1\geqslant DMU_3\geqslant DMU_9\geqslant$（$DMU_{10}$，$DMU_{12}$，$DMU_{14}$，$DMU_{15}$）。由于塞克斯顿交叉效率区分力较差，导致效率分值相同的两组单元（DMU_2，DMU_4，DMU_5，DMU_6，DMU_7，DMU_8，DMU_{11}）与（DMU_{10}，DMU_{12}，DMU_{14}，DMU_{15}）无法通过优势度来进行各自内部的区分，因此，分别对两组单元采用进取型交叉效率进行计算，并基于此计算有向距离指数，计算步骤与上述相同。

（1）对决策单元组（DMU_2，DMU_4，DMU_5，DMU_6，DMU_7，DMU_8，DMU_{11}）进行有向距离的计算，其进取型交叉效率矩阵如表3.11所示。

表3.11 单元2，4，5，6，7，8，11的进取型交叉效率矩阵

DMU	2	4	5	6	7	8	11
2	1.0000	0.8137	0.7606	0.7986	0.9451	0.8054	0.7075
4	0.6152	1.0000	0.5028	0.9443	0.5574	0.7922	0.4378
5	1.0000	0.9434	0.8706	0.9289	0.9558	1.0000	0.8780
6	1.0000	1.0000	0.8365	0.9786	0.9439	1.0000	0.8022
7	1.0000	0.9434	0.8706	0.9289	0.9558	1.0000	0.8780
8	0.5573	0.8933	0.4830	0.8436	0.4253	1.0000	0.4375
11	1.0000	0.9434	0.8706	0.9289	0.9558	1.0000	0.8780

采用熵权法获得权重为（0.1443，0，1386，0.1446，0.1386，0.1472，0.1393，0.1473），由此得到该组单元的有向距离指数矩阵如表3.12所示。

表3.12 单元2，4，5，6，7，8，11有向距离指数阵

DDI(x_i，x_j)	2	4	5	6	7	8	11
2	0.0000	0.0130	0.5211	0.2774	0.3544	-0.2225	0.1877
4	-0.0130	0.0000	0.5081	0.2645	0.3414	-0.2355	0.1748
5	-0.5211	-0.5081	0.0000	-0.2436	-0.1667	-0.7436	-0.3333
6	-0.2774	-0.2645	0.2436	0.0000	0.4617	-2.9999	-0.5383
7	-0.3544	-0.3414	0.1667	-0.4617	0.0000	-0.5769	-0.1667
8	0.2225	0.2355	0.7436	2.9999	0.5769	0.0000	0.4103
11	-0.1877	-0.1748	0.3333	0.5383	0.1667	-0.4103	0.0000

依据有向距离指数阵，得到该组的最终排名结果为$DMU_5 \geqslant DMU_7 \geqslant DMU_6 \geqslant DMU_{11} \geqslant DMU_4 \geqslant DMU_2 \geqslant DMU_8$。

（2）对决策单元组（DMU_{10}，DMU_{12}，DMU_{14}，DMU_{15}）进行有向距离的计算，其进取型的交叉效率矩阵如表3.13所示。

表3.13　　单元10，12，14，15的进取型交叉效率矩阵

DMU	10	12	14	15
10	0.8363	0.8991	1.0000	0.7883
12	0.7317	1.0000	0.9453	0.9531
14	0.6579	0.8231	1.0000	0.7753
15	0.5840	0.8490	0.9057	1.0000

采用熵权法获得权重为（0.2520，02491，0.2481，0.2508），由此得到有向距离指数矩阵如表3.14所示。

表3.14　　单元10，12，14，15的进取型交叉效率矩阵

DMU	10	12	14	15
10	0.0000	−0.0828	−0.5004	−0.4159
12	0.0828	0.0000	−0.4176	−0.3332
14	0.5004	0.4167	0.0000	0.0844
15	0.4159	0.3332	−0.0844	0.0000

依据有向距离指数阵，得到该组的最终排名结果为 $DMU_{10} \geqslant DMU_{12} \geqslant DMU_{15} \geqslant DMU_{14}$。

综合优势度及有向距离指数的结果，得到16个决策单元的最终排序结果为：$DMU_5 \geqslant DMU_7 \geqslant DMU_6 \geqslant DMU_{11} \geqslant DMU_4 \geqslant DMU_2 \geqslant DMU_8 \geqslant DMU_{13} \geqslant DMU_{16} \geqslant DMU_1 \geqslant DMU_3 \geqslant DMU_9 \geqslant DMU_{10} \geqslant DMU_{12} \geqslant$

$DMU_{15} \geqslant DMU_{14}$。由此所对应的银行的排序结果如表 3.15 所示。从该表中可看出，国有银行整体的排序仍然为落后，排名居前的银行多为股份制银行或城市银行。

表 3.15　　16 家银行的最终排序结果

银行	平安银行	宁波银行	浦发银行	华夏银行	民生银行	招商银行	南京银行	兴业银行
排名	10	6	11	5	1	3	2	7
银行	北京银行	农业银行	交通银行	工商银行	光大银行	建设银行	中国银行	中信银行
排名	12	13	4	14	8	16	15	9

3.4 本章小结

本章针对交叉效率评价方法中，最终交叉效率集结中存在各种主观假设及不一致性问题，结合粗糙集理论，基于优势关系下的辨识矩阵对交叉效率矩阵中的重要特征进行提取，基于这些重要特征指标对决策单元进行优势度比较，从而对其进行分类与排序；对于在优势度比较中处于同一位置的决策单元，本书提出了基于熵权的序数型有向距离指数来进行二级排序，最终获得所有单元的全排序结果。结果显示，通过对三种经典的 DEA 交叉效率模型构造的交叉效率矩阵利用二级排序模型得到的排序结果有更强的一致性，表明了该方法的有效性及优越性。最后基于该方法对中国 16 家银行效率进行了评价及排序。

第四章

区间 DEA 交叉效率模型

4.1

问题描述

交叉效率方法是 DEA 方法的一个扩展，使用该方法可以对 DMUs 进行排序。为了消除交叉效率分值获取中权重的非唯一性，学者们提出了进取型或仁慈型等大量的二次目标模型来确定唯一的交叉效率分值。事实上，这两种目标规划的结果没办法保证得到的排序结果是一致的[49]，尽管大部分已有的应用采用了进取型策略，但也没有理论证据表明支持这样的选择。

由于各种条件的限制，人们往往无法获得数据的概率分布函数或隶属函数的确切表示形式，因此只能通过一定的方法（如模拟试验等）来获得某数据的区间估计值，即某些情况下区间效率值的数据特点反映了实际问题中复杂及不确定的特点。事实上，对于 DEA 方法，有时基于特定的偏好，如进取型或仁慈型去计算其他 DMUs 的交叉效率分值是不合理的，因为通过这两个规划得到的权重集合仍然是非唯一的，而且在选定某组权重后，据此获取的效率值均为一精确数，而实际上 DMU 可能的效率值包括所有可能的输出加权平均和输入加权平均的比值，这些所有可能的比值构成了一个效率区间值，在两种偏好策略间的选择也会使决策者感到困惑，从而限制了交叉效率方法的应用。因此，将决策单元的单值效率评价问题就转化为区间 DEA 的相对有效性评价问题更具有实际性。库珀首先提出了基于区间效率评价的 DEA 方法，将不精确数据的概念引入了 DEA[146]。这种不确定条件系统下的决策单元相对有效性评价一直是 DEA 理论研究的前沿问题。总体来说，区间 DEA 的研究工作可以分为四个方面[147]：

（1）区间 DEA 方法研究。区间数据的 DEA 处理方法主要有两种：变量替换法（variable alteration）和区间效率法（intcrval efficiency）。区间效率法主要以参考单元的区间投入或产出指标数据的最大值与最小值为依据，对比被评价单元的区间投入或产出指标的不同组合关系，从而得到被评单元的最小效率值与最大效率值，以此效率分值区间判断各决策单元的相对有效性[148-150]。

（2）区间效率的排序研究。排序主要根据各决策单元效率值大小进行。吴杰和梁樑（2008）[151]在交叉效率中采用区间效率法对所有决策单元进行排序，邢会歌和王卓甫（2010）[152]结合相对最优效率模型与相对最差效率模型来对决策单元进行排序，昂胜（2015）[153]基于区间型交叉效率矩阵定义的交叉效率区间、决策单元占优关系和排序范围，分析了交叉效率评价结果的稳定性，冉金花（2014）[154]研究了在最优情况和最劣情况下，分别结合压他型和仁慈型交叉 DEA 模型，提出了优势交叉效率区间矩阵和劣势交叉效率区间矩阵求解模型，王科和魏法杰（2010）[155]对区间DEA有效的DMU具有相同效率值的情况，借鉴效率值判别分析（DR）方法对区间DEA中DMU的排序方法实现了所有DMU进行完全排序。

（3）区间DEA理论特性研究。主要指对DEA模型有效性的稳定性、灵敏度等进行的研究。

（4）区间DEA方法的应用研究。多应用于实践问题中，例如对多部门结果有效的研究，对快速铁路、企业信用、军事工程的伪装方案等问题的相对有效性分析。

因此，为了不考虑决策者的进取或者仁慈等各种偏好，避免上述讨论中提到的策略及权重选择的困难，可以在计算交叉效率时从获得一组可能的权重转而考虑权重空间的所有可能的权重集合，从而给出每个DMU一个效率分值区间，来实现决策单元公平合理的全序化。

基于以上的考虑，该部分仍然在自评阶段允许DMU通过选择最有利于自身的权重来达到最优效率。而在互评阶段，其他DMUs的交叉效率分值基于所有可能的权重空间中获得权重集合来计算。因此，对于任何一个DMU，它的交叉效率值是一个区间数，并且效率分值区间的上下界由传统的进取型模型与仁慈型模型构造，决策者不需要在仁慈型或进取型之间做任何选择，从而构造出区间交叉效率矩阵（interval cross-efficiency matrix，ICEM）。

为了在区间交叉效率矩阵中排序所有的DMUs，本书将其视为一个多准则决策问题。n个被排序的DMUs可以被看作n个“方案”，最优的权重集合构成的效率分值区间可被看作“属性”。为了解决这个问题，本章介绍了 VIKOR 法。使用 VIKOR 法，交叉效率区间矩阵（ICEM）中所有的 DMUs 能得到全序化结果。因此，本章通过采用第三章中改进的仁慈与进取型模型来构建交叉效率区间，进一步构造区间交叉效率矩阵，再采用 VIKOR 法对考虑所有可能效率分值的决策单元进行排序。

4.2 区间 DEA 模型

4.2.1 交叉效率区间模型

交叉效率评价方法由于采用了互评的系统取代了传统的自评系统，能够解决决策者在主观决定自身的权重时的偏见，同时能够避免传统 DEA 模型中权重的极端性和不现实性。这个方法也广泛地应用于绩效部门的评价中和决策领域问题中。

为了得到区间 DEA 模型，假设有 n 个 DMUs，决策单元 j 可标记为：

$DMU_j(j=1, \cdots, n)$ DMU_j 的投入和产出可以表示为 $X_j=(x_{1j}, x_{2j}, \cdots, x_{mj})^T>0$，$Y_j=(x_{1j}, x_{2j}, \cdots, x_{mj})^T>0$，$j=1, 2, \cdots, n$。

为了能够得到每个决策单元考虑所有权重信息的区间交叉效率值，首先，考虑两个决策单元，DMU_d 和 DMU_j，DMU_d 的最优效率值可表示为 E_{dd}^*，如模型（3.1）所示。DMU_j 的最大效率能够在 DMU_d 的效率保持最优不变的时候通过求解规划（3.3）得到。相反地，DMU_j 的最小效率值能够在 DMU_d 的效率保持最优不变的时候通过求解规划（3.4）得到。

$\overline{E}_{dj}^*$ 和 $\underline{E}_{dj}^*$ 是模型（3.3）与模型（3.4）的最优值，因此，DMU_j 使用 DMU_d 的权重得到的区间交叉效率可定义为 $[\underline{E}_{dj}^*, \overline{E}_{dj}^*]$。明显的，区间交叉效率是基于考虑 $DMU_d(d=1, \cdots, n)$ 的自评的所有权重得到的。

根据模型（3.3）与模型（3.4）的定义，区间交叉效率矩阵的结构如表 4.1 所示。

表 4.1　　区间交叉效率矩阵

DMU	目标 DMU			
	1	2	…	n
1	$[\underline{E}_{11}^*, \overline{E}_{11}^*]$	$[\underline{E}_{12}^*, \overline{E}_{12}^*]$	…	$[\underline{E}_{1n}^*, \overline{E}_{1n}^*]$
2	$[\underline{E}_{21}^*, \overline{E}_{21}^*]$	$[\underline{E}_{22}^*, \overline{E}_{22}^*]$	…	…
…	…	…	…	…
n	$[\underline{E}_{n1}^*, \overline{E}_{n1}^*]$	$[\underline{E}_{n2}^*, \overline{E}_{n2}^*]$	…	$[\underline{E}_{nn}^*, \overline{E}_{nn}^*]$

$[\underline{E}_{dj}^*, \overline{E}_{dj}^*]$ 是 DMU_j 的区间交叉效率，在计算 DMU_j 的效率时考虑了 $DMU_d(d=1, \cdots, n)$ 所有可能的自评权重，因此，根据表 4.1 并基于多准则决策方法可以得到所有决策单元的排序结果。

4.2.2　基于心态指标和 VIKOR 的交叉效率区间排序方法

考虑到实际决策中，决策者的心态会影响到交叉效率区间中的取值信息，在这个部分，通过引入心态指标参数来适应不同的决策环境从而进行区间值的优劣对比，实现对决策单元的排序。

4.2.2.1 心态指标

对于实际的决策问题，决策者面临不同的自身条件和决策的外部环境时会持有不同的心态。例如，当人们受到时间的压力或者对决策问题没有足够的信息、知识或数据时，决策者会持悲观态度并且对所决策问题十分谨慎。相反地，如果决策者有充足的信息并且自认为是相关领域的专家，他们在决策时就会具有乐观的态度并且大胆地做出决策。一般来讲，不同的决策者心态往往会导致不同的决策结果。

定义 4.1 假设有区间值 $a=[a^L, a^U]$，F_a：$[0, 1]\rightarrow R$。对于任何 $\alpha\in[0, 1]$，$F_a(\alpha)=M_a+(2\alpha-1)D_a$，其中 $M_a=\frac{1}{2}(a^L+a^U)$，$D_a=\frac{1}{2}(a^U-a^L)$，α 是决策者的心态指标 $[a^L, a^U]$。$F_a(\alpha)$ 是在区间 $[0, 1]$ 上的单调递增函数，并且：

（1）如果 $\alpha=0$，$F_a(\alpha)=a^L$，称为心态指标下限，表明了决策者的悲观和谦虚谨慎的心态。

（2）如果 $\alpha=0.5$，$F_a(\alpha)=M_a$，称为心态指标中观值，表明了决策者适度温和的决策心态。

（3）如果 $\alpha=1$，$F_a(\alpha)=a^U$，称为心态指标上限，表明了决策者的乐观或者进取的心态。

4.2.2.2 基于心态指标优势关系的 VIKOR 模型

基于区间交叉效率矩阵的决策单元的绩效评价与排序本质上是

个多属性决策问题。由于矩阵中的不同决策者在给某个单元做出评价时，实际上可以看作是不同的决策准则，在这些决策者之间形成的矛盾意见往往就造成了决策准则间的冲突。奥普里佐维奇（Opricovic）提出的妥协解可以解决这个问题，VIKOR 不仅是相互交流、协商和冲突问题中进行妥协的基石，同时能够在决策者之间达到一致起到桥梁作用。

VIKOR 方法是作为实现 MCDM 问题引入的技术。它的原理是首先确定最优解（PIS）与最劣解（NIS），PIS 是所有方案的任何一个准则下的最优值，而 NIS 是所有方案的任何一个准则下的最劣值。其次，根据每个备选方案与最优值的相似程度，在可接受优势和决策过程稳定性条件下获得优势度排序列表。与 TOPSIS 法相比，VIKOR 使用不同的联合函数和标准化方法，使得决策矩阵不需要标准化，而在决策过程中使用线性方法来解决决策单元间的不一致性。VIKOR 模型的发展起源于如下的 L_p - metric 形式：

$$L_{p,j} = \{ \sum_{i=1}^{n} [w_i(f_i^* - f_{ij})/(f_i^* - f_i^-)]^p \}^{1/p},$$

$$1 \leqslant p \leqslant \infty ; j = 1, 2, \cdots, J$$

使用 VIKOR 方法，m 表示备选方案的数量，L_{1j} 与 $L_{\infty j}$ 被用来形成排序的测度。

VIKOR 方法得到的可行解是妥协解，该解接近于理想解。一个有冲突准则问题的妥协解能够帮助决策者形成最终的决策。

VIKOR 的妥协解算法包括以下步骤：

（1）确定最优解 PIS 与最劣解 NIS。

$$f^* = \{f_1^*, f_2^*, \cdots, f_n^*\} = \{(\max_i f_{ij}^U \mid j \in I) or (\min_i f_{ij}^L \mid j \in J)\} \quad (4.1)$$

$$f^- = \{f_1^-, f_2^-, \cdots, f_n^-\} = \{(\max_i f_{ij}^L \mid j \in I) or (\min_i f_{ij}^U \mid j \in J)\} \quad (4.2)$$

$j=1, 2, \cdots, n$，I 代表的是效益型的准则集，而 J 代表的是成本型的准则集。f^* 就是 PIS，f^- 是 NIS。

（2）计算区间 $S_i=[S_i^L, S_i^U]$ 与 $R_i=[R_i^L, R_i^U]$，$i=1, 2, \cdots, m$。

$$S_i^L = \sum_{j\in I} w_j^L\left(\frac{f_j^* - f_{ij}^U}{f_j^* - f_j^-}\right) + \sum_{j\in I} w_j^L\left(\frac{f_{ij}^L - f_j^*}{f_j^- - f_j^*}\right) \tag{4.3}$$

$$S_i^U = \sum_{j\in I} w_j^U\left(\frac{f_j^* - f_{ij}^L}{f_j^* - f_j^-}\right) + \sum_{j\in I} w_j^U\left(\frac{f_{ij}^U - f_j^*}{f_j^- - f_j^*}\right) \tag{4.4}$$

$$R_i^L = \max\left\{w_j^L\left(\frac{f_j^* - f_{ij}^U}{f_j^* - f_j^-}\right) \middle| j\in I,\ w_j^L\left(\frac{f_{ij}^L - f_j^*}{f_j^- - f_j^*}\right) \middle| j\in J\right\} \tag{4.5}$$

$$R_i^U = \max\left\{w_j^U\left(\frac{f_j^* - f_{ij}^L}{f_j^* - f_j^-}\right) \middle| j\in I,\ w_j^U\left(\frac{f_{ij}^U - f_j^*}{f_j^- - f_j^*}\right) \middle| j\in J\right\} \tag{4.6}$$

（3）计算区间 $Q_i=[Q_i^L, Q_i^U]$。

$$Q_i^L = v\frac{S_i^L - S^*}{S^- - S^*} + (1-v)\frac{R_i^L - R^*}{R^- - R^*},\ i=1, 2, \cdots, m \tag{4.7}$$

$$Q_i^U = v\frac{S_i^U - S^*}{S^- - S^*} + (1-v)\frac{R_i^U - R^*}{R^- - R^*},\ i=1, 2, \cdots, m \tag{4.8}$$

其中，$S^*=\min_i S_i^L$，$S^-=\max_i S_i^U$，$R^*=\min_i R_i^L$，$R^-=\max_i R_i^U$，v 作为衡量“大多数准则”策略（或者是“最大组效用”）的权重，这里 $v=0.5$。

（4）计算 $F_{Q_i}(\alpha)$，$F_{S_i}(\alpha)$，$F_{R_i}(\alpha)$。

$$F_{Q_i}(\alpha)=M_{Q_i}+(2\alpha-1)D_{Q_i},\ i=1, 2, \cdots, m \tag{4.9}$$

$$F_{S_i}(\alpha)=M_{S_i}+(2\alpha-1)D_{S_i},\ i=1, 2, \cdots, m \tag{4.10}$$

$$F_{R_i}(\alpha)=M_{R_i}+(2\alpha-1)D_{R_i},\ i=1, 2, \cdots, m \tag{4.11}$$

其中 $M_{Q_i}=\frac{1}{2}(Q_i^L+Q_i^U)$，$M_{S_i}=\frac{1}{2}(S_i^L+S_i^U)$，$M_{R_i}=\frac{1}{2}(R_i^L+$

$R_i^U)$，$D_{Q_i}=\frac{1}{2}(Q_i^L-Q_i^U)$，$D_{S_i}=\frac{1}{2}(S_i^L-S_i^U)$，$D_{R_i}=\frac{1}{2}(R_i^L-R_i^U)$，$i=1，2，\cdots，m$。

（5）根据$F_{Q_i}(\alpha)$，$F_{S_i}(\alpha)$ 及 $F_{R_i}(\alpha)$ 的值以降序方式排序所有的方案。方案的$F_{Q_i}(\alpha)$ 值越小，意味着该方案越好。假定 $A^{(1)}$ 是根据$F_{Q_i}(\alpha)$ 值得到的最好的方案。

条件1：可接受优势：

$$F_{Q_{(2)}}(\alpha)-F_{Q_{(1)}}(\alpha)\geqslant\frac{1}{m-1}$$

其中，$F_{Q_{(2)}}(\alpha)$ 对应于排序为第二的方案，m表示方案的数量。

条件2：决策的可接受优势：

根据$F_{Q_i}(\alpha)$ 的值，排序第一的方案 $A^{(1)}$ 必须也是$F_{S_i}(\alpha)$ 或$F_{R_i}(\alpha)$ 排序最好的方案。如果有一个条件不满足，则有一组妥协解，包括：

（a）如果条件2不满足时，方案 $A^{(1)}$ 和 $A^{(2)}$ 是妥协解。

（b）如果条件1不满足，方案 $A^{(1)}$，$A^{(2)}$，…，$A^{(M)}$ 最接近于PIS，$A^{(M)}$ 可以通过关系 $F_{Q_{(M)}}(\alpha)-F_{Q_{(1)}}(\alpha)<\frac{1}{m-1}$ 来确定最大的M。

这样得到的妥协解能被决策者接受，因为它能够提供“大多数人的”最大的“组效用（min S）”和“敌对者”的最小的“个体后悔值（min R）”。该妥协解是考虑了决策者对准则偏好后的决策者之间协商的基础。

4.3 实例分析

该实例仍然基于中国16个银行的绩效评价，并将该方法得到的结果与传统平均交叉效率的效率分值进行了对比。

4.3.1 数据和变量

数据来源于Wind数据库与《中国金融统计年鉴》(2008～2015),所选变量与第二章所选变量相同。

4.3.2 结果和讨论

4.3.2.1 交叉效率区间

根据模型(3.3)和模型(3.4),计算出2007～2014年间的交叉效率区间如表4.2所示。

图4.1是2007～2014年间16个银行的交叉效率区间图。它表明了在2008年金融危机时的交叉效率波动程度,是明显低于其他年份的。众所周知中国政府在危机后实施了4万亿元人民币的刺激计划,随着经济的发展,每个银行交叉效率区间在明显的波动下发生了范围的扩展。这个现象清楚地表明银行间效率分值的极端化,同时也暗含了经济刺激对于不同的银行有不同程度的刺激作用及一定程度上的银行间的发展不平衡现象。

图4.2所示为交叉效率区间在SOBs与JSBs两类银行之间的比较,从图中可看到SOBs和JSBs两类银行间的交叉效率区间的显著差异。其一,2007～2014年间,SOBs类银行的效率范围小于JSBs类银行。SOBs类银行的效率区间多数分布在较低的水平范围,特

表 4.2　　2007~2014 年间 16 个中国商业银行的交叉效率区间

银行名称	2007 年	2008 年	2009 年	2010 年	2011 年	2012 年	2013 年	2014 年
平安银行	[0.63, 0.75]	[0.94, 0.96]	[0.89, 0.94]	[0.88, 0.93]	[0.69, 0.86]	[0.72, 0.81]	[0.72, 0.81]	[0.9, 0.95]
宁波银行	[0.62, 0.73]	[0.52, 0.59]	[0.61, 0.7]	[0.56, 0.63]	[0.58, 0.62]	[0.58, 0.63]	[0.7, 0.75]	[0.83, 0.94]
浦发银行	[0.88, 0.96]	[0.94, 0.97]	[0.95, 1]	[0.94, 1]	[0.94, 1]	[0.92, 0.98]	[0.96, 1]	[0.89, 0.94]
华夏银行	[0.68, 0.76]	[0.69, 0.73]	[0.64, 0.71]	[0.63, 0.77]	[0.63, 0.75]	[0.66, 0.76]	[0.77, 0.84]	[0.82, 0.9]
民生银行	[0.79, 0.92]	[0.77, 0.85]	[0.76, 0.83]	[0.69, 0.77]	[0.66, 0.72]	[0.64, 0.7]	[0.72, 0.78]	[0.66, 0.73]
招商银行	[0.69, 0.8]	[0.67, 0.71]	[0.72, 0.79]	[0.71, 0.78]	[0.78, 0.87]	[0.82, 0.91]	[0.8, 0.86]	[0.8, 0.88]
南京银行	[0.17, 0.27]	[0.47, 0.52]	[0.55, 0.6]	[0.47, 0.55]	[0.5, 0.57]	[0.57, 0.61]	[0.7, 0.75]	[0.76, 0.87]
兴业银行	[0.88, 0.97]	[0.81, 0.86]	[0.91, 0.97]	[0.87, 0.92]	[0.88, 0.95]	[0.91, 0.98]	[0.83, 0.89]	[0.81, 0.87]
北京银行	[0.73, 0.9]	[0.75, 0.84]	[0.86, 0.93]	[0.88, 0.97]	[0.93, 0.99]	[0.9, 0.98]	[0.77, 0.81]	[0.93, 1]
农业银行	[0.18, 0.22]	[0.19, 0.2]	[0.22, 0.25]	[0.23, 0.26]	[0.26, 0.28]	[0.31, 0.35]	[0.46, 0.51]	[0.44, 0.5]
交通银行	[0.4, 0.47]	[0.43, 0.47]	[0.5, 0.54]	[0.49, 0.54]	[0.52, 0.57]	[0.54, 0.59]	[0.6, 0.65]	[0.61, 0.67]
工商银行	[0.36, 0.45]	[0.32, 0.35]	[0.35, 0.41]	[0.37, 0.43]	[0.39, 0.43]	[0.46, 0.52]	[0.6, 0.66]	[0.59, 0.66]
光大银行	[0.56, 0.72]	[0.54, 0.6]	[0.59, 0.7]	[0.55, 0.67]	[0.52, 0.62]	[0.56, 0.62]	[0.67, 0.75]	[0.59, 0.66]
建设银行	[0.39, 0.49]	[0.35, 0.38]	[0.38, 0.44]	[0.39, 0.43]	[0.39, 0.42]	[0.45, 0.5]	[0.6, 0.65]	[0.6, 0.67]
中国银行	[0.29, 0.35]	[0.32, 0.35]	[0.4, 0.46]	[0.37, 0.43]	[0.37, 0.43]	[0.43, 0.48]	[0.59, 0.65]	[0.56, 0.63]
中信银行	[0.62, 0.8]	[0.67, 0.75]	[0.79, 0.88]	[0.7, 0.8]	[0.64, 0.74]	[0.67, 0.79]	[0.66, 0.73]	[0.67, 0.76]

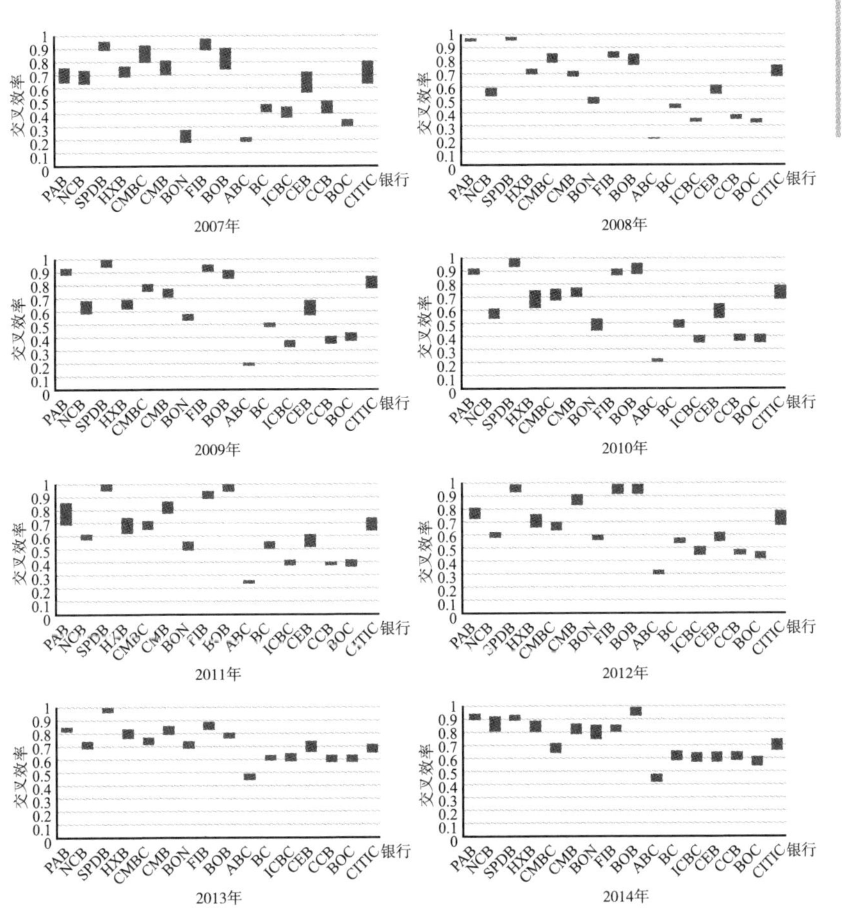

图 4.1　16 个银行的交叉效率区间

别在 2008 ~ 2012 年间。这一现象表明即使是表现最好的 SOB 类银行效率仍然低于 JSB 类银行。甚至考虑到金融危机对国有银行更大的影响，股份制银行与国有银行的差距仍在变小。其二，可以看出在 2007 年时，股份制银行有着范围较大的效率区间几乎覆盖了 0 ~ 1 之间的所有范围。这表明了在股份制银行之间的发展的不平衡性。其三，在 2007 年之后，对于股份制银行，交叉效率区间范围在逐渐变小，表明了它们之间的较为平衡的发展。

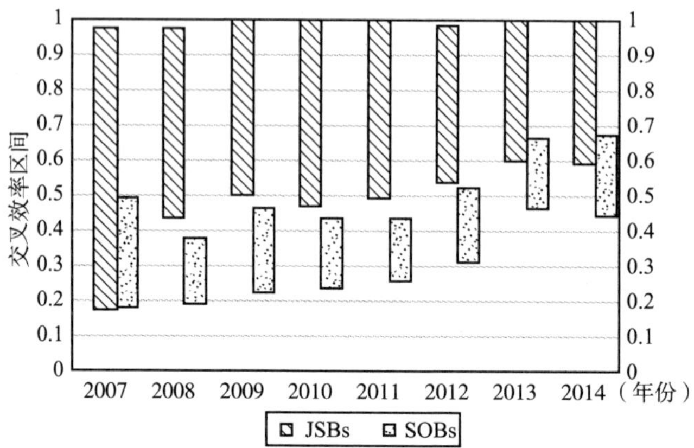

图 4.2 交叉效率区间在 JSBs 与 SOBs 两类银行之间的比较

受到 2008 年金融危机的影响，中国的商业银行效率发生了很大的波动。尽管如此，随着经济条件的逐步改善，中国的银行回到了正常发展轨道上，银行的发展更健康和平衡。在 2009 年末，伴随着 NPL/total-loans ratio 的降低，国有银行逐渐提升了其效率。

总之，交叉效率区间模型相比于传统的 DEA 模型能够提供更多的信息。通过 DMU 的最小和最大效率取值可以了解关于决策单元的最优和最劣表现。然而基于此仍然无法对所有的中国商业银行进行排序，因此，下面的步骤融合 VIKOR 法及心态指标对所有银行进行了排序。

4.3.2.2 基于 VIKOR 的妥协解及心态指标下的 VIKOR 的排序结果

下面仍然给出了 16 家银行基于 VIKOR 法进行妥协解排序的步

骤及根据 $F_{Q_i}(\alpha)$，$F_{S_i}(\alpha)$ 和 $F_{R_i}(\alpha)$ 在不同的心态指标下的排序结果，步骤如下所示：

（1）根据模型（4.1）和模型（4.2）来计算 PIS 和 NIS。

PIS：f^* = {1，1，1，1，1，1，1，1，1，1，1，1，1，1，1，1，1}，

NIS：f^- = {0.1779，0.4797，0.2293，0.4797，0.4797，0.4797，0.4797，0.4797，0.2527，0.5549，0.4797，0.5549，0.5301，0.5549，0.5549，0.3358}。

（2）基于模型（4.3）~模型（4.8）计算区间 $S_i=[S_i^L, S_i^U]$，$R_i=[R_i^L, R_i^U]$，$Q_i=[Q_i^L, Q_i^U]$，结果如表 4.3 所示。

表 4.3　VIKOR 中的 S_i，R_i，Q_i 的区间值

No.	银行	$[S_i^L, S_i^U]$	$[R_i^L, R_i^U]$	$[Q_i^L, Q_i^U]$
1	PAB	0.2804	[0.0231, 0.0394]	[0.2382, 0.3690]
2	NCB	0.3635	[0.0451, 0.0583]	[0.4366, 0.5426]
3	SPDB	0.3123	[0.0274, 0.0348]	[0.2816, 0.3410]
4	HXB	0.5075	[0.0301, 0.0476]	[0.3560, 0.4963]
5	CMBC	1.0894	[0.0477, 0.0607]	[0.6551, 0.7587]
6	CMB	0.5882	[0.0321, 0.0492]	[0.3943, 0.5308]
7	BON	0.6065	[0.0525, 0.0625]	[0.5624, 0.6422]
8	FIB	0.5875	[0.0312, 0.0442]	[0.3868, 0.4908]
9	BOB	0.0831	[0.0000, 0.0444]	[0.0000), 0.3555]
10	ABC	1.9238	[0.0625, 0.0625]	[1.0000, 1.0000]
11	BC	1.2987	[0.0532, 0.0621]	[0.7559, 0.8271]
12	ICBC	1.3342	[0.0513, 0.0601]	[0.7507, 0.8209]
13	CEB	1.3606	[0.0507, 0.0603]	[0.7523, 0.8297]

续表

No.	银行	$[S_i^L, S_i^U]$	$[R_i^L, R_i^U]$	$[Q_i^L, Q_i^U]$
14	CCB	1.3056	[0.0478, 0.0584]	[0.7143, 0.7989]
15	BOC	1.4509	[0.0517, 0.0621]	[0.7850, 0.8683]
16	CITIC	1.0917	[0.0480, 0.0480]	[0.6576, 0.6576]

(3) 根据模型 (4.9) ~ 模型 (4.11) 来计算不同心态指标下 $F_{Q_i}(\alpha)$, $F_{S_i}(\alpha)$ 和 $F_{R_i}(\alpha)$ 及它们的排序结果, 结果如表4.4 ~ 表4.6所示。

表4.4　不同心态指标下的 $F_{Q_i}(\alpha)$ 值及排序结果

α	α=0.1	α=0.3	α=0.5	rank	α=0.7	rank	α=0.9	rank
$F_{Q_1}(\alpha)$	0.2513	0.2774	0.3036	2	0.3297	3	0.3559	3
$F_{Q_2}(\alpha)$	0.4472	0.4684	0.4896	7	0.5108	7	0.5319	7
$F_{Q_3}(\alpha)$	0.2875	0.2994	0.3112	3	0.3231	2	0.3350	2
$F_{Q_4}(\alpha)$	0.3700	0.3980	0.4261	4	0.4541	4	0.4822	5
$F_{Q_5}(\alpha)$	0.6654	0.6861	0.7069	10	0.7276	10	0.7483	10
$F_{Q_6}(\alpha)$	0.4079	0.4352	0.4625	6	0.4898	6	0.5171	6
$F_{Q_7}(\alpha)$	0.5703	0.5863	0.6022	8	0.6182	8	0.6341	8
$F_{Q_8}(\alpha)$	0.3972	0.4180	0.4388	5	0.4596	5	0.4804	4
$F_{Q_9}(\alpha)$	0.0355	0.1066	0.1777	1	0.2488	1	0.3199	1
$F_{Q_{10}}(\alpha)$	0.9999	0.9999	0.9999	16	0.9999	16	0.9999	16
$F_{Q_{11}}(\alpha)$	0.7630	0.7772	0.7915	14	0.8057	13	0.8199	13
$F_{Q_{12}}(\alpha)$	0.7577	0.7717	0.7857	12	0.7998	12	0.8139	12
$F_{Q_{13}}(\alpha)$	0.7601	0.7755	0.7910	13	0.8064	14	0.8219	14
$F_{Q_{14}}(\alpha)$	0.7227	0.7397	0.7566	11	0.7735	11	0.7904	11
$F_{Q_{15}}(\alpha)$	0.7932	0.8099	0.8266	15	0.8432	15	0.8599	15
$F_{Q_{16}}(\alpha)$	0.6576	0.6576	0.6576	9	0.6576	9	0.6576	9

表 4.5 不同心态指标下的 $F_{S_i}(\alpha)$ 值

α	α=0.1	α=0.3	α=0.5	α=0.7	α=0.9
$F_{S_1}(\alpha)$	3.00	3.00	3.00	3.00	3.00
$F_{S_2}(\alpha)$	0.36	0.36	0.36	0.36	0.36
$F_{S_3}(\alpha)$	0.31	0.31	0.31	0.31	0.31
$F_{S_4}(\alpha)$	0.51	0.51	0.51	0.51	0.51
$F_{S_5}(\alpha)$	1.09	1.09	1.09	1.09	1.09
$F_{S_6}(\alpha)$	0.59	0.59	0.59	0.59	0.59
$F_{S_7}(\alpha)$	0.61	0.61	0.61	0.61	0.61
$F_{S_8}(\alpha)$	0.59	0.59	0.59	0.59	0.59
$F_{S_9}(\alpha)$	0.08	0.08	0.08	0.08	0.08
$F_{S_{10}}(\alpha)$	1.92	1.92	1.92	1.92	1.92
$F_{S_{11}}(\alpha)$	1.30	1.30	1.30	1.30	1.30
$F_{S_{12}}(\alpha)$	1.33	1.33	1.33	1.33	1.33
$F_{S_{13}}(\alpha)$	1.36	1.36	1.36	1.36	1.36
$F_{S_{14}}(\alpha)$	1.31	1.31	1.31	1.31	1.31
$F_{S_{15}}(\alpha)$	1.45	1.45	1.45	1.45	1.45
$F_{S_{16}}(\alpha)$	1.09	1.09	1.09	1.09	1.09

表 4.6 不同心态指标下的 $F_{R_i}(\alpha)$ 值

α	α=0.1	α=0.3	α=0.5	α=0.7	α=0.9
$F_{R_1}(\alpha)$	0.0247	0.0280	0.0313	0.0345	0.0378
$F_{R_2}(\alpha)$	0.0464	0.0490	0.0517	0.0543	0.0570
$F_{R_3}(\alpha)$	0.0282	0.0296	0.0311	0.0326	0.0341
$F_{R_4}(\alpha)$	0.0318	0.0353	0.0389	0.0424	0.0459
$F_{R_5}(\alpha)$	0.0490	0.0516	0.0542	0.0568	0.0594
$F_{R_6}(\alpha)$	0.0338	0.0373	0.0407	0.0441	0.0475

续表

α	α=0.1	α=0.3	α=0.5	α=0.7	α=0.9
$F_{R_7}(\alpha)$	0.0535	0.0555	0.0575	0.0595	0.0615
$F_{R_8}(\alpha)$	0.0325	0.0351	0.0377	0.0403	0.0429
$F_{R_9}(\alpha)$	0.0044	0.0133	0.0222	0.0311	0.0400
$F_{R_{10}}(\alpha)$	0.0625	0.0625	0.0625	0.0625	0.0625
$F_{R_{11}}(\alpha)$	0.0541	0.0559	0.0577	0.0594	0.0612
$F_{R_{12}}(\alpha)$	0.0522	0.0540	0.0557	0.0575	0.0593
$F_{R_{13}}(\alpha)$	0.0516	0.0536	0.0555	0.0574	0.0594
$F_{R_{14}}(\alpha)$	0.0488	0.0510	0.0531	0.0552	0.0573
$F_{R_{15}}(\alpha)$	0.0527	0.0548	0.0569	0.0590	0.0611
$F_{R_{16}}(\alpha)$	0.0480	0.0480	0.0480	0.0480	0.0480

根据 $F_{Q_1}(\alpha)$，当 $\alpha=0.1$，0.3，0.5，所有银行的排序结果为：

$A_9 \geqslant A_1 \geqslant A_3 \geqslant A_4 \geqslant A_8 \geqslant A_6 \geqslant A_2 \geqslant A_7 \geqslant A_{16} \geqslant A_5 \geqslant A_{14} \geqslant A_{12} \geqslant A_{13} \geqslant A_{11} \geqslant A_{15} \geqslant A_{10}$。

（4）根据条件1和条件2来决定最终的妥协解（集）。

通过比较 $F_{Q_1}(\alpha)$ 的大小，当心态指标 $\alpha=0.1$，第一个方案是 A_9，并且 $F_{Q_9}(0.1)=0.0355$，第二个方案是 A_1，并且 $F_{Q_1}(\alpha)=0.2513$，因为 $\frac{1}{m-1}=0.0666$，因此：

$$F_{Q_1}(\alpha)-F_{Q_9}(0.1)=0.2513-0.0355=0.2158>0.0666$$

条件1满足，并且 A_9 不是根据 $F_{Q_1}(\alpha)$ 排序第一的方案，但是为根据 $F_{S_1}(\alpha)$ 和 $F_{R_i}(\alpha)$ 排序第一的方案，因此条件2满足，A_9 是排序为第一的方案。

根据规则，所有方案的排序结果为 BOB≥SPDB，PAB≥HXB，

FIB，CMB≥NCB≥BON≥CMBC，CITIC，CCB≥ICBC，CEB，BC，BOC≥ABC。

根据不同的α，从α=0.1到α=0.9，并以2014年为例，发现心态指标对排序结果的作用较小。正如表4.7所示，除了PAB和SPDB，大部分银行的排序并没有发生变化。当α=0.9，PAB落后于SPDB，HXB落后于FIB。当α=0.7和α=0.9，CEB落后于BC。

表4.7　　　不同的心态指标α和排序结果（2014年）

心态指标α	排序结果
0.1	BOB≥PAB≥SPDB≥HXB≥FIB≥CMB≥NCB≥BON≥CITIC≥CMBC≥CCB≥ICBC≥CEB≥BC≥BOC≥ABC
0.3	BOB≥PAB≥SPDB≥HXB≥FIB≥CMB≥NCB≥BON≥CITIC≥CMBC≥CCB≥ICBC≥CEB≥BC≥BOC≥ABC
0.5	BOB≥PAB≥SPDB≥HXB≥FIB≥CMB≥NCB≥BON≥CITIC≥CMBC≥CCB≥ICBC≥CEB≥BC≥BOC≥ABC
0.7	BOB≥PAB≥SPDB≥HXB≥FIB≥CMB≥NCB≥BON≥CITIC≥CMBC≥CCB≥ICBC≥BC≥CEB≥BOC≥ABC
0.9	BOB≥SPDB≥PAB≥FIB≥HXB≥CMB≥NCB≥BON≥CITIC≥CMBC≥CCB≥ICBC≥BC≥CEB≥BOC≥ABC

如图4.3所示，本书以2008年和2014年数据为例对每个银行的排序在心态指标从0.1到0.9之间变化时进行了比较。在2008年，当心态指标从悲观转向乐观时，中国银行（BC）的排序下滑，而中国光大银行（CEB）的排序得到了改善。其他的银行排序没有发生变化。在2014年，当心态指标从悲观到乐观时，中国银行（BC）的排序得到了提升，但是中国光大银行（CEB）则变成了下

滑的趋势。其他的银行依旧没有发生变化。总之，在交叉效率区间及VIKOR模型下，心态指标对于排序结果没有显著的影响，意味着该模型可以使排序结果非常稳定，这样的结果容易被评价的决策单元接受。这也表明了交叉效率区间越宽，效率波动范围越大时，排序结果也会伴随着决策者的心态指标发生较大的变化。

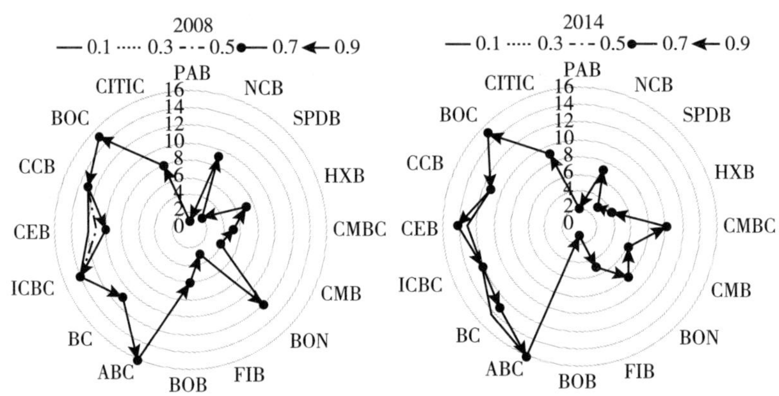

图4.3 在不同的α下2008年和2014年16家银行的排序结果

4.3.2.3 基于平均交叉效率和妥协解的16家银行排序比较

表4.8给出了16家银行的平均交叉效率。由于2008年金融危机，16家银行的效率分值在2007～2008年间发生了下滑，并且不停地波动直到2010年。在此之后，平均效率分值逐渐地从2010年的0.655增加到2014年的0.752。在2007年和2008年，有6家银行的效率低于平均值，包括：CMBC，FIB，BOB，ABC，ICBC和CEB，这表明了金融危机对于这些银行有着较为严重的影响。在2012年，效率分值低于平均值的银行的数量增加到8个，表明了银行间的差异在不断增加。

表 4.8　　　　16 家中国商业银行的平均交叉效率

银行名称	2007 年	2008 年	2009 年	2010 年	2011 年	2012 年	2013 年	2014 年
平安银行	0.919	0.956	0.973	0.969	0.971	0.954	0.982	0.919
宁波银行	0.719	0.709	0.675	0.699	0.687	0.710	0.805	0.859
浦发银行	0.854	0.811	0.792	0.731	0.687	0.672	0.749	0.696
华夏银行	0.749	0.690	0.757	0.748	0.823	0.868	0.830	0.837
民生银行	0.224	0.491	0.578	0.510	0.533	0.588	0.723	0.816
招商银行	0.927	0.833	0.940	0.895	0.916	0.943	0.862	0.840
南京银行	0.815	0.798	0.894	0.925	0.960	0.941	0.790	0.967
兴业银行	0.196	0.197	0.234	0.247	0.269	0.329	0.484	0.474
北京银行	0.436	0.448	0.522	0.515	0.540	0.564	0.627	0.641
农业银行	0.405	0.338	0.383	0.401	0.412	0.487	0.631	0.626
交通银行	0.636	0.571	0.649	0.611	0.571	0.591	0.709	0.628
工商银行	0.443	0.362	0.410	0.410	0.402	0.473	0.620	0.636
光大银行	0.323	0.332	0.430	0.404	0.402	0.454	0.618	0.596
建设银行	0.710	0.710	0.833	0.747	0.694	0.731	0.693	0.718
中国银行	0.919	0.956	0.973	0.969	0.971	0.954	0.982	0.919
中信银行	0.719	0.709	0.675	0.699	0.687	0.710	0.805	0.859
均值	0.625	0.619	0.670	0.655	0.658	0.686	0.744	0.752

以 2014 年数据为例，根据平均交叉效率得到的 16 家银行排序结果为：BOB ≽ PAB ≽ SPDB ≽ NCB ≽ HXB ≽ FIB ≽ CMB ≽ BON ≽ CITIC ≽ CMBC ≽ BC ≽ CCB ≽ CEB ≽ ICBC ≽ BOC ≽ ABC。与交叉效率区间和 VIKOR 法相比，BC 和 CEB 有更高的效率分值并且超过了 ICBC，这是因为平均交叉效率忽视了交叉效率区间的上、下界值，导致了效率分值信息的丢失和排序结果的不稳定性。

正如之前提到的，VIKOR 妥协解能够提供更稳定和更容易接受的结果。表4.9 给出了基于 VIKOR 妥协解的 16 家银行从2007 年到2014 年的银行效率排序结果。这里，主要计算了当 $\alpha = 0.5$ 时的 $F_{Q_1}(\alpha)$。VIKOR 法给出了一个综合的评价结果，因为它同时考虑了最大群效用值及最小个体后悔值。当最大群效用值越大时，它们之间的相互干扰的程度就会降低，反之类似。因此，排序结果更稳定。另外，从表4.9 可以得到银行的排序结果。

表 4.9　　根据 VIKOR 对 16 家银行的排序结果

年份	排序结果
2007	FIB，SPDB≥CMBC，BOB≥CMB，HXB≥CITIC，NCB≥PAB≥CEB≥BC，CCB，ICBC≥BOC≥BON，ABC
2008	PAB≥SPDB，FIB≥CMB，CMBC≥BOB，HXB≥CITIC≥NCB，BC，CEB，BON≥CCB，ICBC，BOC≥ABC
2009	SPDB≥FIB，PAB≥CMB，BOB≥HXB，CMBC，CITIC≥CEB，NCB≥BON，BC≥BOC，CCB，ICBC≥ABC
2010	SPDB≥PAB，FIB，BOB≥CMB≥CMBC，CITIC≥HXB≥NCB，CEB≥BC，BON≥CCB，ICBC，BOC≥ABC
2011	SPDB≥BOB≥FIB≥CMB≥CMBC，HXB≥CITIC，NCB，PAB≥BC，BON≥CEB，CCB，ICBC，BOC≥ABC
2012	SPDB≥BOB，FIB≥CMB≥PAB，HXB，CMBC，CITIC≥NCB，BON，BC，CEB≥CCB，ICBC，BOC≥ABC
2013	SPDB≥FIB，SDB，CMB≥HXB，BOB≥CMBC，BON，NCB，CITIC≥CEB≥BC，CCB，ICBC，BOC≥ABC
2014	BOB≥PAB，SPDB≥HXB，FIB，CMB，NCB≥BON，CITIC≥CMBC，CCB≥ICBC，CEB，BC，BOC≥ABC

（1）平安银行（PAB）在 2007～2014 年的排名波动相对较大。2007～2008 年间，由第 9 名上升到第 1 名的位置，之后的几年有向下波动的趋势，但基本保持了金融危机前的排名。这表明平安银行在金融危机期间的风险管理能力较强，不受外界经济危机的影响，以严格信贷政策保持银行呈平稳发展状态，之后排名之所以有所下降，是由于平安银行以严格信贷政策保持平稳发展状态，相比北京银行等的迅猛发展来说相对较弱。

（2）在国有银行当中，排名相对靠前的当属建设银行。并且建设银行在 2007～2009 年间的排名呈下降趋势，2010～2013 年间的排名均为第 13 名。在 2014 年上升为第 11 名。这说明建设银行深入推进体制机制改革，大力提升客户服务效率和风险管理水平，在转变发展方式方面取得了显著成效。

（3）北京银行（BOB）在 2007～2008 年度呈下降趋势，但下降的幅度不是很大；2008～2013 年度有呈上升趋势，增长至第 2 名的位置；2013～2014 年度又有微弱的下降变化。这说明北京银行的金融恢复力度较强，经历了金融危机的抨击，深化“金融＋科技”特色模式，提高创新服务能力，推动了银行迅猛发展。

（4）民生银行（CMBC）在 2007～2009 年间呈下降趋势，之后一直保持着第 7 名的位置，直至 2014 年又下降至第 10 名。总的来说，民生银行多年来一直呈现出下降趋势。华夏银行（HXB）和北京银行（BOB）在金融危机前后具有向下的趋势，此后一直波动直到 2014 年。

总之，少数的股份制银行，例如平安银行（PAB）与浦发银行（SPDB）在金融危机之后得到了较好的发展，这表明了它们较强的风险抵御能力。相对而言，国有银行较股份制银行更容易受到危机的影响。

根据表4.8、表4.10和图4.4可以看到，在这些年间股份制银行较国有银行更为有效，不论是在效率的上升或下降阶段。

表4.10 2007~2014年国有银行与股份制银行的效率分值描述性统计

银行类型	year	2007	2008	2009	2010	2011	2012	2013	2014
SOBs	Mean	0.62	0.59	0.65	0.63	0.62	0.66	0.73	0.72
	S.D.	0.24	0.30	0.30	0.28	0.27	0.23	0.17	0.14
JSBs	Mean	0.63	0.63	0.68	0.66	0.67	0.69	0.75	0.76
	S.D.	0.26	0.22	0.22	0.22	0.22	0.20	0.13	0.15

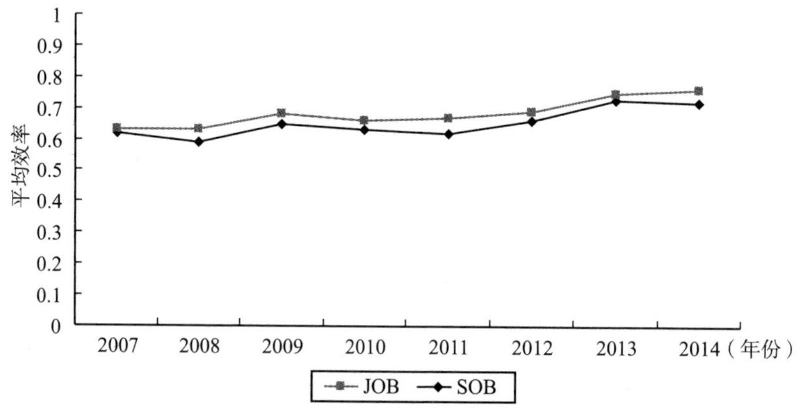

图4.4 国有银行与股份制银行的平均交叉效率值的比较

从图4.5中可以看出，金融危机爆发后，其平均交叉效率呈现明显上升趋势的有：平安银行（PAB）、民生银行（CMBC）、中国银行（BOC）；说明这些银行拥有较为完善的风险管理体系，对金融风险的抵御能力较好。其平均交叉效率呈现明显下降趋势的有：浦发银行（SPDB）、华夏银行（HXB）、招商银行（CMB）、农业银行（ABC）、交通银行（BC）、工商银行（ICBC）。这些银行的风险监管能力还有待加强。

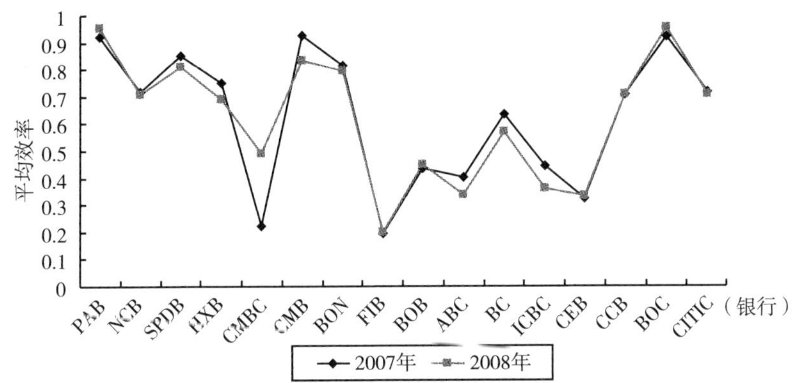

图 4.5 16 家银行在金融危机前后的平均交叉效率

4.4 本章小结

本章基于区间交叉效率研究了 16 家中国商业银行在 2007 ~ 2014 年间的银行效率。考虑到交叉效率的权重非唯一性问题，提出了考虑所有权重的交叉效率区间及 VIKOR 聚合模型来计算和排序 16 家重要的中国商业银行的效率。交叉效率区间可从自评与互评的角度全局性地评价银行的绩效，VIKOR 方法则考虑了在排序和选取最优方案时属性之间的冲突，它产生了距离理想解最近的排序指标，从而最大化了群效应及最小化了个体后悔值，为决策者提供了更容易接受的排序结果。16 家商业银行效率结果表明：股份制银行的绩效普遍优于国有银行，金融危机使不同银行的效率差异变大，在 2008 年之后，所有银行的效率随着国家的经济政策刺激而逐渐转好。

第五章

三元区间 DEA 交叉效率模型

5.1 问题描述

由于 DMU 的所有可能的输出加权平均和输入加权平均的比值都是可能的效率值，因此，用区间表示 DMU 的效率更合理，同时也反映了实际问题中的复杂性及不确定性。但现有的区间效率文献一般仅考虑区间效率值上下界，对评价信息的利用不够充分。例如，王美强和梁樑（2008）[156]给出了一个区间效率值，将传统 CCR 模型得到的效率分值作为 DMU 的最优效率值，将基于交叉效率概念的 DEA 模型效率分值作为 DMU 的最小效率值，但该方法在获取上下界效率值时采用了赋权策略本质不同的两种方法，使得计算结果可比性不强，构成的区间效率值不够科学。高强（Kao，2006）[150]提出考虑所有权重信息得到可能的最大和最小交叉效率值作为决策单元效率区间的上下界，并基于可能度概念进行了排序，但由于 DMU 在区间内获取效率值往往具有一定倾向性，与该方法中假设决策单元在效率分值区间上每个点都是等可能的往往不相符。除此以外，王科和魏法杰(2010)[157]基于交叉效率概念，遵循自评与互评相结合的原则，提出三参数区间交叉效率DEA评价方法，但其中间效率使用信息有限，权重为0的指标数量无法减少。总之，虽然区间效率值给出了效率情况一个可能的变化范围，其上下界应为DMU可能的最优和最劣相对效率值，但不应忽视决策单元取得的最可能值，而且最可能值与其他所有可能的效率值落在该区间内，从而构造三参数的区间效率模型。

用第四章模型获得的区间数表达决策单元的效率分值时，由于仁慈型模型与进取型模型是两种极端不同的赋权策略，而决策单元效率分值评价往往并不偏好这两极端，策略选择存在着一定的随意性，忽略了单元间存在的中立性，中立性在单元效率评价中又往往是评价各方及决策者所追求的，因此，该效率区间数实质上更偏好于区间内的中立效率分值，因此，采用三参数区间数表示决策者对每个决策单元的效率评价结果可以为每个单元得到更公正的评价结果。同时，若效率分值区间在两种不同策略下可能会取的过大，这时，如果决策单元在被认为整个区间内取值机会均等，得出的结果就会出现大的误差。

基于这样的思想，本节基于王应明（2010a）[52]的思路，提出的“中立的”DEA模型，即DMU只从自身的角度来决定权重，忽略了它们对其他DEA的影响。特别地，权重的选择是通过最大/最小规划试图最大化产出的相对贡献，这样能有效减少产出权重为0的数量。除此以外，王应明、钱桂生和罗英（2011）[51]，王应明、钱桂生和姜鹏（2011）[56]扩展了模型到投入与产出导向权重的 DEA 模型，能够同时确定交叉效率中的投入与产出权重。权重平衡[158]模型也是根据王应明和钱桂生的思想，即每个 DMU 在自身选择权重时不考虑对其他 DMUs 的影响，能解决最优权重非唯一性，不仅能保证被评价 DMU 自评效率的最大值，同时减少了评价过程中投入权重与产出权重的差异，并且能减少权重为 0 的数量，也就是所有的投入和产出都得到了充分应用。

综上所述，无论是仁慈型效率还是进取型效率，效率区间测评了 DMU 的两种极端情况，实际交叉效率值应在该上下界范围内取值。上述提到的任何一种效率评价方法都没有考虑决策者（decision makers，DMs）从中立的角度来确定其效率。除了考虑仁慈型效率和进取型效率外，我们更应该从中立角度计算一个最有可能的值。因此，结合中立角度的效率分值，本书基于三端点区间数思想，给出同时采用交叉效率概念但针对不同赋权策略的 DEA 模型分别计算 DMU 的 3 种交叉效率值，相应采用最优、最劣和中立效率值 3 个参数描述 DMU 区间交叉效率值，进而利用该三参数区间交叉效率值对决策单元进行评价，评价时基于区间序信息系统优势度思想，将所有决策单元进行优势度分类，进一步构建了三元有向距离指数模型，并证明了其相关性质，基于该方法对处于相同优势类位置的决策单元进行细分，从而对所有决策单元进行了全序化。

5.2 三元区间 DEA 效率模型

5.2.1 三元效率区间构造

通过在第四章提出的区间交叉效率模型的基础上，本书基于王应明的中立模型，提出了三元效率区间模型，该模型的效率矩阵如表 5.1 所示。

表 5.1　　三元区间交叉效率矩阵基本模型

DMU	目标 DMU			
	1	2	…	n
1	$[\underline{E}_{11}^*, E_{11}, \overline{E}_{11}^*]$	$[\underline{E}_{12}^*, E_{12}, \overline{E}_{12}^*]$	…	$[\underline{E}_{1n}^*, E_{1n}, \overline{E}_{1n}^*]$
2	$[\underline{E}_{21}^*, E_{21}, \overline{E}_{21}^*]$	$[\underline{E}_{22}^*, E_{22}, \overline{E}_{22}^*]$	…	$[\underline{E}_{2n}^*, E_{2n}, \overline{E}_{2n}^*]$
…	…	…	…	…
n	$[\underline{E}_{n1}^*, E_{n1}, \overline{E}_{n1}^*]$	$[\underline{E}_{n2}^*, E_{n2}, \overline{E}_{n2}^*]$	…	$[\underline{E}_{nn}^*, E_{nn}, \overline{E}_{nn}^*]$

与进取型与仁慈型模型不同，中立的 DEA 模型在决定自身的投入与产出权重时不再对其他决策单元采取策略。相比于传统的 CCR 模型，该模型的区分力更强，而且避免了决策单元只选取对自己有利而不切实际的权重。

从中立角度讲，当一个 DMU 决定自身的一组投入产出权重时，决策单元主要关心的是如何选择对自身最有利的权重，而并不关心对其他单元是进取的或是仁慈的，基于这样的观点，中立的 DEA 交叉效率模型如式（5.1）所示。

$$
\text{maximize} \quad \delta = \text{minimum}\left\{\frac{u_{rd}y_{rd}}{\sum_{i=1}^{m}\nu_{id}x_{id}}\right\}
$$

$$
\text{s. t.}\begin{cases}\theta_{dd}^{*} = \dfrac{\sum_{r=1}^{s}u_{rd}y_{rd}}{\sum_{i=1}^{m}\nu_{id}x_{id}} \\ \theta_{jd} = \dfrac{\sum_{r=1}^{s}u_{rd}y_{rd}}{\sum_{i=1}^{m}\nu_{id}x_{id}} \leqslant 1,\ j = 1,\ \cdots,\ n;\ j \neq d \\ u_{rd} \geqslant 0,\ r = 1,\ \cdots,\ s \\ u_{id} \geqslant 0,\ i = 1,\ \cdots,\ m \end{cases} \tag{5.1}
$$

其中，$\frac{u_{rd}y_{rd}}{\sum_{i=1}^{m}\nu_{id}x_{id}}$ 表示第 d 个单元的第 r 种产出的效率，模型（5.1）的经济意义可解释为“DMU_d 作为一个个体寻找一组最优投入产出权重来最大化自身整体效率的同时使得每种产出也尽可能的有效”。明显地，该模型的目标与其他 DMUs 没有任何关系。它在决定投入产出权重时仅从自身角度出发，决策者因此不需要在进取与仁慈之间做任何主观困难的决定。这是交叉效率评价中中立性 DEA 模型对于其他 DEA 模型的最大优势。通过查恩斯－库珀转换，模型（5.1）可转变为如下的线性规划模型，如式（5.2）所示。

$$\max \delta$$

$$\text{s.t.}\begin{cases}\sum_{i=1}^{m} \nu_{id} x_{id} = 1 \\ \sum_{r=1}^{s} \mu_{rd} y_{rd} = E_{dd}^{*} \\ \sum_{r=1}^{s} \mu_{rd} y_{rj} - \sum_{i=1}^{m} \nu_{id} x_{ij} \leqslant 0, \ j = 1, 2, \cdots, n; \ j \neq k \\ \mu_{rd} y_{rd} - \delta \geqslant 0 \\ \mu_{rd} \geqslant 0, \ r = 1, 2, \cdots, s \\ \upsilon_{id} \geqslant 0, \ i = 1, 2, \cdots, m \\ \delta \geqslant 0 \end{cases} \tag{5.2}$$

其中，$\nu_{id}(i=1, \cdots, m)$，$\mu_{rd}(r=1, \cdots, s)$ 与 δ 为决策变量，类似于所有的 DEA 交叉效率模型一样，模型（5.2）也是每次求解一个单元，总共需要求解 n 次。因此，将会有 n 组投入产出权重进行交叉效率评价。中立模型的另外一个优势就是能够有效地减少产出权重为 0 的数量，即在中立的 DEA 模型中产出指标能尽可能地被使用到。

中立的 DEA 模型没有在二次目标中使用其他 DMUs 的投入产出信息，因此得到的权重结果对于其他的 DMUs 的效率是没有影响的。

相比于王应明提出的采用理想点与非理想点 DMU 的中立性交叉效率模型，这里的中立性模型具有意义明确、计算简单的优势，因此，本书基于模型（5.2）与模型（3.3）、模型（3.4）构建了三元效率区间信息系统。

5.2.2 三元区间信息序信息系统中的两级排序方法

5.2.2.1 序信息系统中的优势度和有向距离指数

定义 5.1[24] 称四元组 S =(U, AT, V, f) 为区间信息系统(IIS), 其中 U 为有限非空方案集, AT 为有限非空属性集, $V = \cup_{a\in AT}V_a$, V_a 是属性 a 的值域, f: U × AT→V 是一个信息函数, 表示对于任意的 a ∈ AT, x ∈ U 都有 f(x, a) ∈ V_a。这里, 方案 x 在属性 a 下的值 V_a 区间数, 记作:

$$f(x, a) = [a^L(x), a^U(x)] = \{p \mid a^L(x) \leqslant p \leqslant a^U(x), a^L, a^U(x) \in R\}$$

若所有的属性均是有序型属性, 即所有属性的取值可以按照收益型或者成本型偏好排序, 则称区间信息系统 S =(U, AT, V, f) 为区间序信息系统(IOIS)。

在区间序信息系统中, 任意属性 a 的取值都是可以通过优势关系≥a 来表示的, $x \geqslant_a y$ 表示在属性 a 上 x 优于 y。同理, $x \geqslant_A y \Leftrightarrow \forall a \in A, x \geqslant_a y$。

基于上述描述, 我们可以通过引入优势关系来定义优势类。在区间序信息系统中, 关于属性集 A ∈ AT 上有 y 优于 x, 即 $y \geqslant_A x$, 可以通过 $yR_A^{\geqslant}x$ 来定义:

$R_A^{\geqslant} = \{(y, x) \in U \times U \mid a_1^L(y) \geqslant a_1^L(x), a_1^U(y) \geqslant a_1^U(x) (\forall a_1 \in A_1); a_2^L(y) \leqslant a_2^L(x), a_2^U(y) \leqslant a_2^U(x) (\forall a_2 \in A_2)\} = \{(y, x) \in U \times U \mid (y, x) \in R_A^{\geqslant}\}$

其中 $A=A_1\cup A_2$，A_1 为收益型属性集，A_2 为成本型属性集。

根据区间序信息系统中的优势关系 $R_A^{\geqslant}$，我们定义方案 x 的优势类：

$[x]_A^{\geqslant}=\{y\in U\mid a_1^L(y)\geqslant a_1^L(x),\ a_1^U(y)\geqslant a_1^U(x)(\forall a_1\in A_1);\ a_2^L(y)\leqslant a_2^L(x),\ a_2^U(y)\leqslant a_2^U(x)(\forall a_2\in A_2)\}=\{y\in U\mid (y,\ x)\in R_A^{\geqslant}\}$。基于以上理论，考虑区间数据基于优势度排序方法。

定义 5.2　$S=(U,\ AT,\ V,\ f)$ 为区间序信息系统，$A\subseteq AT$。基于优势关系 $R_A^{\geqslant}$，两个方案间的优势度定义为：

$$D_A(x_i,\ x_j)=\frac{|\sim[x_i]_A^{\geqslant}\cup[x_j]_A^{\geqslant}|}{|U|} \tag{5.3}$$

其中 $|\cdot|$ 代表集合的基数，$\sim[x_i]_A^{\geqslant}=U-[x_i]_A^{\geqslant}$，且 x_i，$x_j\in U$。

当 $(x_i,\ x_j)\in U\times U$ 时，基于优势关系可以获得在属性集 A 上的优势关系矩阵，通过这个矩阵，可以得到方案 x_i 的整体优势度：

$$D_A(x_i)=\frac{1}{|U|-1}\sum_{j\neq i}D_A(x_i,\ x_j),\ x_i,\ x_j\in U \tag{5.4}$$

由上可得，$D_A(x_i)$ 的取值越大，方案 x_i 的表现越好。整体优势度 $D_A(x_i)$ 即可用来给论域中所有方案进行全局排序。

无论在数例还是实证研究中，基于优势度排序后，常常发现两个或多于两个的方案排在同一位置，并且排序越靠前的方案越容易出现这种并列现象。为了获得方案的全序化，基于有向距离指数思路，它关注于区间数据的取值，是一种更为精确的测量方案 x_i 相对于 x_j 优劣程度的方法。

定义 5.3　$f(x_i,\ a)=[a^L(x_i),\ a^U(x_i)]$，$f(x_j,\ a)=[a^L(x_j),\ a^U(x_j)]$ 为给定的区间数据，在属性 a 上，方案 x_i 相对于 x_j 的有向距离指数定义为：

$$DDI_a(x_i, x_j) = \frac{1}{2} + \frac{1}{4}\frac{a^U(x_i) - a^U(x_j) + a^L(x_i) - a^L(x_j)}{\max(a^U(x)) - \min(a^L(x))} \tag{5.5}$$

其中，$\max(a^U(x)) = \max\{a^U(x_1), a^U(x_2), \cdots, a^U(x_{|U|})\}$，$\min(a^L(x)) = \min\{a^L(x_1), a^L(x_2), \cdots, a^L(x_{|U|})\}$，$x_i, x_j \in U$。

当 $\max(a^U(x)) = \min(a^L(x))$，$DDI_a(x_i, x_j) = \frac{1}{2}$。

基于有向距离指数定义，可以看出，它不仅度量了两个区间的距离，而且带有了方向性特征。当方案 x_i 优于 x_j 时，$DDI_a(x_i, x_j) \geqslant \frac{1}{2}$。

将 $DDI_a(x_i, x_j)$ 扩展到某一属性集上，属性集 A 上的有向距离指数定义为：

$$DDI_A(x_i, x_j) = \frac{1}{|A|}\sum_{\forall a \in A} DDI_a(x_i, x_j),$$

其中，$A \subseteq AT$，$|A|$为属性集里属性个数。

为了获得全序结果，需要获得方案的整体有向距离指数。将方案 x_i 的整体有向距离指数定义为：

$$DDI_A(x_i) = \frac{1}{|U| - 1}\sum_{j \neq i} DDI_A(x_i, x_j),$$

整体有向距离指数 $DDI_A(x_i)$ 越大，方案 x_i 排序越好。

5.2.2.2　三元有向距离指数

定义 5.4　给定的两个区间数据 $f(x_i, a) = [a^L(x_i), a^*(x_i), a^U(x_i)]$，$f(x_j, a) = [a^L(x_j), a^*(x_j), a^U(x_j)]$，在属性 a 上，方案 x_i 相对于 x_j 的三元有向距离指数定义为：

$$TDDI_a(x_i, x_j) = \frac{1}{2} + \frac{1}{12}\frac{a^U(x_i) - a^U(x_j) + a^*(x_i) - a^*(x_j)}{\max(a^U(x)) - \min(a^*(x))} + \frac{1}{12}\frac{a^U(x_i) - a^U(x_j) + a^L(x_i) - a^L(x_j)}{\max(a^U(x)) - \min(a^L(x))} + \frac{1}{12}\frac{a^*(x_i) - a^*(x_j) + a^L(x_i) - a^L(x_j)}{\max(a^*(x)) - \min(a^L(x))} \quad (5.6)$$

其中，$\max(a^U(x)) = \max\{a^U(x_1), a^U(x_1), \cdots, a^U(x_{|U|})\}$，$\max(a^*(x)) = \max\{a^*(x_1), a^*(x_1), \cdots, a^*(x_{|U|})\}$，$\min(a^*(x)) = \min\{a^*(x_1), a^*(x_1), \cdots, a^*(x_{|U|})\}$，$\min(a^L(x)) = \min\{a^L(x_1), a^L(x_1), \cdots, a^L(x_{|U|})\}$，$x_i$，$x_j \in U$ 且有：

（1）当 $\max(a^U(x)) = \min(a^*(x))$ 时，$\frac{a^U(x_i) - a^U(x_j) + a^*(x_i) - a^*(x_j)}{\max(a^U(x)) - \min(a^*(x))} = 0$；

（2）当 $\max(a^U(x)) = \min(a^L(x))$ 时，$\frac{a^U(x_i) - a^U(x_j) + a^L(x_i) - a^L(x_j)}{\max(a^U(x)) - \min(a^L(x))} = 0$；

（3）当 $\max(a^*(x)) = \min(a^L(x))$ 时，$\frac{a^*(x_i) - a^*(x_j) + a^L(x_i) - a^L(x_j)}{\max(a^*(x)) - \min(a^L(x))} = 0$。

$TDDI_a(x_i, x_j)$ 仅仅考虑了方案 x_i 相对于 x_j 在属性 a 上的相对优劣程度，同样我们将 $TDDI_a(x_i, x_j)$ 扩展到属性集 A 上，属性集 A 上的三元有向距离指数定义为：

$$TDDI_A(x_i, x_j) = \frac{1}{|A|}\sum_{\forall a \in A} TDDI_a(x_i, x_j) \quad (5.7)$$

其中，$A \subseteq AT$，$|A|$ 为属性集里属性个数。

因此，方案 x_i 的整体三元有向距离指数定义为：

$$TDDI_A(x_i) = \frac{1}{|U|-1}\sum_{j\neq i} TDDI_A(x_i, x_j) \qquad (5.8)$$

这样，每一方案总体优劣的评价则可以通过任意方案两两之间的比较来获得。整体三元有向距离指数 $TDDI_A(x_i)$ 越大，方案 x_i 排序越好。

该模型具有以下性质：

（1）$0 \leqslant TDDI_a(x_i, x_j) \leqslant 1$；

（2）若 $(x_j, x_k) \in R_a^{\geqslant}$，$TDDI_a(x_i, x_j) \leqslant TDDI_a(x_i, x_k)$；

（3）若 $(x_i, x_j) \in R_a^{\geqslant}$，$TDDI_a(x_i, x_j) \geqslant \frac{1}{2}$；

（4）若 $TDDI_a(x_i, x_j) \geqslant \frac{1}{2}$ 且 $TDDI_a(x_j, x_k) \geqslant \frac{1}{2}$，则 $TDDI_a(x_i, x_k) \geqslant \frac{1}{2}$；

（5）$TDDI_a(x_i, x_j) + TDDI_a(x_j, x_i) = 1$。

证明：（1）因为：$\min(a^*(x)) - \max(a^U(x)) \leqslant a^U(x_i) - a^U(x_j) \leqslant \max(a^U(x)) - \min(a^*(x)) \Leftrightarrow -1 \leqslant \frac{a^U(x_i) - a^U(x_j)}{\max(a^U(x)) - \min(a^*(x))} \leqslant 1$

$\min(a^*(x)) - \max(a^U(x)) \leqslant a^*(x_i) - a^*(x_j) \leqslant \max(a^U(x)) - \min(a^*(x)) \Leftrightarrow -1 \leqslant \frac{a^*(x_i) - a^*(x_j)}{\max(a^U(x)) - \min(a^*(x))} \leqslant 1$

所以：$-2 \leqslant \frac{a^U(x_i) - a^U(x_j) + a^*(x_i) - a^*(x_j)}{\max(a^U(x)) - \min(a^*(x))} \leqslant 2$，$-\frac{1}{6} \leqslant \frac{1}{12} \frac{a^U(x_i) - a^U(x_j) + a^*(x_i) - a^*(x_j)}{\max(a^U(x)) - \min(a^*(x))} \leqslant \frac{1}{6}$，

同理，$-\frac{1}{6}\leqslant\frac{1}{12}\frac{a^{U}(x_i)-a^{U}(x_j)+a^{L}(x_i)-a^{L}(x_j)}{\max(a^{U}(x))-\min(a^{L}(x))}\leqslant\frac{1}{6}$，$-\frac{1}{6}\leqslant\frac{1}{12}\frac{a^{*}(x_i)-a^{*}(x_j)+a^{L}(x_i)-a^{L}(x_j)}{\max(a^{*}(x))-\min(a^{L}(x))}\leqslant\frac{1}{6}$，$0\leqslant\frac{1}{2}+\frac{1}{12}\frac{a^{U}(x_i)-a^{U}(x_j)+a^{*}(x_i)-a^{*}(x_j)}{\max(a^{U}(x))-\min(a^{*}(x))}+\frac{1}{12}\frac{a^{U}(x_i)-a^{U}(x_j)+a^{L}(x_i)-a^{L}(x_j)}{\max(a^{U}(x))-\min(a^{L}(x))}+\frac{1}{12}\frac{a^{*}(x_i)-a^{*}(x_j)+a^{L}(x_i)-a^{L}(x_j)}{\max(a^{*}(x))-\min(a^{L}(x))}\leqslant 1$。

（2）根据 $(x_j, x_k)\in R_a^{\geqslant}$，可得 $a^{U}(x_j)-a^{U}(x_k)$，$a^{*}(x_j)-a^{*}(x_k)$，$a^{L}(x_j)-a^{L}(x_k)$，所以 $TDDI_a(x_i, x_j)-TDDI_a(x_i, x_k)=\frac{1}{12}\frac{a^{U}(x_i)-a^{U}(x_j)+a^{*}(x_i)-a^{*}(x_j)}{\max(a^{U}(x))-\min(a^{*}(x))}+\frac{1}{12}\frac{a^{U}(x_i)-a^{U}(x_j)+a^{L}(x_i)-a^{L}(x_j)}{\max(a^{U}(x))-\min(a^{L}(x))}+\frac{1}{12}\frac{a^{*}(x_i)-a^{*}(x_j)+a^{L}(x_i)-a^{L}(x_j)}{\max(a^{*}(x))-\min(a^{L}(x))}-\frac{1}{12}\frac{a^{U}(x_i)-a^{U}(x_k)+a^{*}(x_i)-a^{*}(x_k)}{\max(a^{U}(x))-\min(a^{*}(x))}-\frac{1}{12}\frac{a^{U}(x_i)-a^{U}(x_k)+a^{L}(x_i)-a^{L}(x_k)}{\max(a^{U}(x))-\min(a^{L}(x))}-\frac{1}{12}\frac{a^{*}(x_i)-a^{*}(x_k)+a^{L}(x_i)-a^{L}(x_k)}{\max(a^{*}(x))-\min(a^{L}(x))}=\frac{1}{12}\frac{a^{U}(x_k)-a^{U}(x_j)+a^{*}(x_k)-a^{*}(x_j)}{\max(a^{U}(x))-\min(a^{*}(x))}+\frac{1}{12}\frac{a^{U}(x_k)-a^{U}(x_j)+a^{L}(x_k)-a^{L}(x_j)}{\max(a^{U}(x))-\min(a^{L}(x))}+\frac{1}{12}\frac{a^{*}(x_k)-a^{*}(x_j)+a^{L}(x_k)-a^{L}(x_j)}{\max(a^{*}(x))-\min(a^{L}(x))}\leqslant\frac{1}{12}\frac{a^{U}(x_j)-a^{U}(x_j)+a^{*}(x_j)-a^{*}(x_j)}{\max(a^{U}(x))-\min(a^{*}(x))}+\frac{1}{12}\frac{a^{U}(x_j)-a^{U}(x_j)+a^{L}(x_j)-a^{L}(x_j)}{\max(a^{U}(x))-\min(a^{L}(x))}+\frac{1}{12}\frac{a^{*}(x_j)-a^{*}(x_j)+a^{L}(x_j)-a^{L}(x_j)}{\max(a^{*}(x))-\min(a^{L}(x))}\leqslant 0\Leftrightarrow(x_j, x_k)\in R_a^{\geqslant}$，$TDDI_a(x_i, x_j)\leqslant TDDI_a(x_i, x_k)$。

（3）根据 $(x_i, x_j)\in R_a^{\geqslant}$，可得：$a^{U}(x_i)\geqslant a^{U}(x_j)$，$a^{*}(x_i)\geqslant a^{*}(x_j)$，$a^{L}(x_i)\geqslant a^{L}(x_j)$，$TDDI_a(x_i, x_j)=\frac{1}{2}+\frac{1}{12}$

$$\frac{a^U(x_i)-a^U(x_j)+a^*(x_i)-a^*(x_j)}{\max(a^U(x))-\min(a^*(x))}+\frac{1}{12}\frac{a^U(x_i)-a^U(x_j)+a^L(x_i)-a^L(x_j)}{\max(a^U(x))-\min(a^L(x))}+$$

$$\frac{1}{12}\frac{a^*(x_i)-a^*(x_j)+a^L(x_i)-a^L(x_j)}{\max(a^*(x))-\min(a^L(x))}\geqslant\frac{1}{2}+\frac{1}{12}\frac{a^U(x_i)-a^U(x_i)+a^*(x_i)-a^*(x_i)}{\max(a^U(x))-\min(a^*(x))}+$$

$$\frac{1}{12}\frac{a^U(x_i)-a^U(x_i)+a^L(x_i)-a^L(x_i)}{\max(a^U(x))-\min(a^L(x))}+\frac{1}{12}\frac{a^*(x_i)-a^*(x_i)+a^L(x_i)-a^L(x_i)}{\max(a^*(x))-\min(a^L(x))}=0。$$

(4) 从 $TDDI_a(x_i, x_j)\geqslant\frac{1}{2}$ 和 $TDDI_a(x_j, x_k)\geqslant\frac{1}{2}$ 中，可得：

$$TDDI_a(x_i, x_k)=\frac{1}{2}+\frac{1}{12}\frac{a^U(x_i)-a^U(x_k)+a^*(x_i)-a^*(x_k)}{\max(a^U(x))-\min(a^*(x))}+\frac{1}{12}$$

$$\frac{a^U(x_i)-a^U(x_k)+a^L(x_i)-a^L(x_k)}{\max(a^U(x))-\min(a^L(x))}+\frac{1}{12}\frac{a^*(x_i)-a^*(x_k)+a^L(x_i)-a^L(x_k)}{\max(a^*(x))-\min(a^L(x))}=\frac{1}{2}+$$

$$\frac{1}{12}\frac{a^U(x_i)-a^U(x_j)+a^*(x_i)-a^*(x_j)}{\max(a^U(x))-\min(a^*(x))}+\frac{1}{12}\frac{a^U(x_i)-a^U(x_j)+a^L(x_i)-a^L(x_j)}{\max(a^U(x))-\min(a^L(x))}+\frac{1}{12}$$

$$\frac{a^*(x_i)-a^*(x_j)+a^L(x_i)-a^L(x_j)}{\max(a^*(x))-\min(a^L(x))}+\frac{1}{2}+\frac{1}{12}\frac{a^U(x_j)-a^U(x_k)+a^*(x_j)-a^*(x_k)}{\max(a^U(x))-\min(a^*(x))}+\frac{1}{12}$$

$$\frac{a^*(x_j)-a^*(x_k)+a^L(x_j)-a^L(x_k)}{\max(a^*(x))-\min(a^L(x))}+\frac{1}{12}\frac{a^*(x_j)-a^*(x_k)+a^L(x_j)-a^L(x_k)}{\max(a^*(x))-\min(a^L(x))}-$$

$$\frac{1}{2}=TDDI_a(x_i, x_j)+TDDI_a(x_j, x_k)-\frac{1}{2}\geqslant\frac{1}{2}+\frac{1}{2}-\frac{1}{2}=\frac{1}{2}。$$

(5) $TDDI_a(x_i, x_j)+TDDI_a(x_j, x_i)=\frac{1}{2}+\frac{1}{12}$

$$\frac{a^U(x_i)-a^U(x_j)+a^*(x_i)-a^*(x_j)}{\max(a^U(x))-\min(a^*(x))}+\frac{1}{12}\frac{a^U(x_i)-a^U(x_j)+a^L(x_i)-a^L(x_j)}{\max(a^U(x))-\min(a^L(x))}+\frac{1}{12}$$

$$\frac{a^*(x_i)-a^*(x_j)+a^L(x_i)-a^L(x_j)}{\max(a^*(x))-\min(a^L(x))}+\frac{1}{2}+\frac{1}{12}\frac{a^U(x_j)-a^U(x_i)+a^*(x_j)-a^*(x_i)}{\max(a^U(x))-\min(a^*(x))}+$$

$$\frac{1}{12}\frac{a^*(x_j)-a^*(x_i)+a^L(x_j)-a^L(x_i)}{\max(a^*(x))-\min(a^L(x))}+\frac{1}{12}\frac{a^*(x_j)-a^*(x_i)+a^L(x_j)-a^L(x_i)}{\max(a^*(x))-\min(a^L(x))}=$$

$\frac{1}{2}+\frac{1}{2}=1$。

综上所述，基于三元效率区间模型的步骤为：

第一步：基于改进的仁慈型、进取型及中立模型得出最优效率值、最劣效率值及最可能效率值的三元效率区间，从而构造三元效率区间矩阵；

第二步：根据优势度关系，找出每个决策单元的优势类；

第三步：进行决策单元的两两优势度比较；

第四步：计算每个决策单元的综合优势度（全局优势度）；

第五步：根据综合优势度对决策单元进行分类及排序；

第六步：根据有向距离公式对具有相同优势度的决策单元计算有向距离指数；

第七步：得出所有决策单元最终的排名。

5.3 实例分析

在考虑最优效率值、最劣效率值及最可能效率值的基础上，本节基于三元区间优势度模型及三元有向距离指数模型对中国16家上市银行的绩效进行了全面的评价与排序分析。数据以2014年《中国金融统计年鉴》及Wind数据库为例。

第一步：基于三种模型得出三元效率区间，如表5.2所示。

表 5.2　　16 家银行的三元效率区间

银行名称	改进的进取型模型	中立型模型	改进的仁慈型模型
平安银行	0.9016	0.9300	0.9515
宁波银行	0.8257	0.8428	0.9369
浦发银行	0.8945	0.9044	0.9443
华夏银行	0.8165	0.8338	0.9008
民生银行	0.6579	0.6713	0.7335
招商银行	0.7956	0.8121	0.8779
南京银行	0.7627	0.7773	0.8698
兴业银行	0.8102	0.8242	0.8701
北京银行	0.9343	0.9596	1.0000
农业银行	0.4450	0.4594	0.5023
交通银行	0.6082	0.6242	0.6740
工商银行	0.5870	0.6046	0.6640
光大银行	0.5909	0.6245	0.6647
建设银行	0.6016	0.6187	0.6711
中国银行	0.5617	0.5775	0.6300
中信银行	0.6743	0.7073	0.7609

第二步：根据优势关系，找出每个决策单元的优势类：

$[DMU_1]_A^{\geqslant} = \{DMU_1, DMU_9\}$

$[DMU_2]_A^{\geqslant} = \{DMU_1, DMU_2, DMU_3, DMU_9\}$

$[DMU_3]_A^{\geqslant} = \{DMU_1, DMU_3, DMU_9\}$

$[DMU_4]_A^{\geqslant} = \{DMU_3, DMU_4, DMU_9\}$

$[DMU_5]_A^{\geqslant} = \{DMU_1, DMU_2, DMU_3, DMU_4, DMU_5, DMU_6, DMU_7, DMU_8, DMU_9\}$

$[DMU_6]_A^{\geqslant} = \{DMU_1, DMU_2, DMU_3, DMU_4, DMU_6, DMU_8,$

$DMU_9\}$

$[DMU_7]_A^{\geqslant} = \{DMU_1, DMU_2, DMU_3, DMU_4, DMU_7, DMU_8, DMU_9\}$

$[DMU_8]_A^{\geqslant} = \{DMU_1, DMU_2, DMU_3, DMU_4, DMU_8, DMU_9\}$

$[DMU_9]_A^{\geqslant} = \{DMU_9\}$

$[DMU_{10}]_A^{\geqslant} = \{DMU_1, DMU_2, DMU_3, DMU_4, DMU_5, DMU_6, DMU_7, DMU_8, DMU_9, DMU_{10}, DMU_{11}, DMU_{12}, DMU_{13}, DMU_{14}, DMU_{15}, DMU_{16}\}$

$[DMU_{11}]_A^{\geqslant} = \{DMU_1, DMU_2, DMU_3, DMU_4, DMU_5, DMU_6, DMU_7, DMU_8, DMU_9, DMU_{11}, DMU_{16}\}$

$[DMU_{12}]_A^{\geqslant} = \{DMU_1, DMU_2, DMU_3, DMU_4, DMU_5, DMU_6, DMU_7, DMU_8, DMU_9, DMU_{11}, DMU_{12}, DMU_{13}, DMU_{14}, DMU_{16}\}$

$[DMU_{13}]_A^{\geqslant} = \{DMU_1, DMU_2, DMU_3, DMU_4, DMU_5, DMU_6, DMU_7, DMU_8, DMU_9, DMU_{11}, DMU_{13}, DMU_{14}, DMU_{16}\}$

$[DMU_{14}]_A^{\geqslant} = \{DMU_1, DMU_2, DMU_3, DMU_4, DMU_5, DMU_6, DMU_7, DMU_8, DMU_9, DMU_{11}, DMU_{14}, DMU_{16}\}$

$[DMU_{15}]_A^{\geqslant} = \{DMU_1, DMU_2, DMU_3, DMU_4, DMU_5, DMU_6, DMU_7, DMU_8, DMU_9, DMU_{11}, DMU_{12}, DMU_{13}, DMU_{14}, DMU_{15}, DMU_{16}\}$

$[DMU_{16}]_A^{\geqslant} = \{DMU_1, DMU_2, DMU_3, DMU_4, DMU_5, DMU_6, DMU_7, DMU_8, DMU_9, DMU_{16}\}$。

第三步：计算 16 个决策单元的两两相对优势度，如表 5.3 所示。

表 5.3　　16 家银行的三元效率优势度

排序	1	2	3	4	5	6	7	8	9	10	11	12	13	14	15	16
1	1	1	1	15/16	1	1	1	1	15/16	1	1	1	1	1	1	1
2	7/8	1	15/16	7/8	1	1	1	1	13/16	1	1	1	1	1	1	1
3	15/16	1	1	15/16	1	1	1	1	7/8	1	1	1	1	1	1	1
4	7/8	15/16	15/16	1	1	1	1	1	7/8	1	1	1	1	1	1	1
5	9/16	11/16	5/8	5/8	1	7/8	7/8	3/4	1/2	1	1	1	1	1	1	1
6	11/16	13/16	3/4	3/4	1	1	15/16	15/16	5/8	1	1	1	1	1	1	1
7	11/16	13/16	3/4	3/4	1	15/16	1	15/16	5/8	1	1	1	1	1	1	1
8	3/4	7/8	13/16	13/16	1	1	1	1	11/16	1	1	1	1	1	1	1
9	1	1	1	1	1	1	1	1	1	1	1	1	1	1	1	1
10	1/8	1/4	3/16	3/16	9/16	7/16	7/16	3/8	1/16	1	11/16	7/8	13/16	3/4	15/16	5/8
11	7/16	9/16	1/2	1/2	7/8	3/4	3/4	11/16	3/8	1	1	1	1	1	1	1
12	1/4	3/8	5/16	5/16	11/16	9/16	9/16	1/2	3/16	1	13/16	1	15/16	7/8	1	3/4
13	5/16	7/16	3/8	3/8	3/4	5/8	5/8	9/16	1/4	1	7/8	1	1	15/16	1	13/16
14	3/8	1/2	7/16	7/16	13/16	11/16	11/16	5/8	5/16	1	15/16	1	1	1	1	7/8
15	3/16	5/16	1/4	1/4	5/8	1/2	1/2	7/16	1/8	1	3/4	15/16	7/8	13/16	1	11/16
16	1/2	5/8	9/16	9/16	15/16	13/16	13/16	3/4	7/16	1	1	1	1	1	1	1

第四步：计算每个决策单元综合优势度（全局优势度）。

16个单元的综合优势度分别为 $D_A(DMU_1)=119/120$，$D_A(DMU_2)=29/30$，$D_A(DMU_3)=59/60$，$D_A(DMU_4)=117/120$，$D_A(DMU_5)=5/6$，$D_A(DMU_6)=9/10$，$D_A(DMU_7)=9/10$，$D_A(DMU_8)=223/240$，$D_A(DMU_9)=1$，$D_A(DMU_{10})=25/48$，$D_A(DMU_{11})=183/240$，$D_A(DMU_{12})=39/60$，$D_A(DMU_{13})=155/240$，$D_A(DMU_{14})=171/240$，$D_A(DMU_{15})=11/20$，$D_A(DMU_{16})=4/5$。

第五步：根据综合优势度对16个单元进行排名。

$DMU_9 \geqslant DMU_1 \geqslant DMU_3 \geqslant DMU_4 \geqslant DMU_2 \geqslant DMU_8 \geqslant DMU_6$，$DMU_7 \geqslant DMU_5 \geqslant DMU_{16} \geqslant DMU_{11} \geqslant DMU_{14} \geqslant DMU_{13} \geqslant DMU_{12} \geqslant DMU_{15} \geqslant DMU_{10}$。

第六步：计算 DMU_6 和 DMU_7 的有向距离。

由于决策单元 DMU_6 与 DMU_7 在优势度分类中，处于同一位置，所以采用有向距离指数模型来区分该两个单元。

$$
\begin{aligned}
TDDI_A(DMU_6) = TDDI_a(DMU_6, DMU_7) = & \frac{1}{2} + \frac{1}{12} \\
& \times \frac{0.8779 - 0.8698 + 0.8121 - 0.7773}{1 - 0.4594} \\
& + \frac{1}{12} \times \frac{0.8779 - 0.8698 + 0.7956 - 0.7627}{1 - 0.4450} \\
& + \frac{1}{12} \times \frac{0.8121 - 0.7773 + 0.7956 - 0.7627}{0.9596 - 0.4450} = 0.5237
\end{aligned}
$$

$TDDI_A(DMU_7) = TDDI_a(DMU_7, DMU_6) = 1 - TDDI_a(DMU_6, DMU_7) = 1 - 0.5237 = 0.4763$，所以 $TDDI_a(DMU_7, DMU_6) < TDDI_a(DMU_6, DMU_7)$，故有 $DMU_6 \geqslant DMU_7$。

第七步：得出最终的排名。

$DMU_9 \geqslant DMU_1 \geqslant DMU_3 \geqslant DMU_4 \geqslant DMU_2 \geqslant DMU_8 \geqslant DMU_6 \geqslant DMU_7 \geqslant$

$DMU_5 \geqslant DMU_{16} \geqslant DMU_{11} \geqslant DMU_{14} \geqslant DMU_{13} \geqslant DMU_{12} \geqslant DMU_{15} \geqslant DMU_{10}$。据此得到对应的银行排名结果如表 5.4 所示。

表 5.4　　16 家银行的最终效率排序

银行	平安银行	宁波银行	浦发银行	华夏银行	民生银行	招商银行	南京银行	兴业银行
排名	2	5	3	4	9	7	8	6
银行	北京银行	农业银行	交通银行	工商银行	光大银行	建设银行	中国银行	中信银行
排名	1	16	11	14	13	12	15	10

5.4 本章小结

在考虑最优效率值、最劣效率值及最可能效率值的基础上，基于改进的仁慈型、进取型及中立型模型，构建了三元效率区间。并构建了三元有向距离指数模型，证明了其相关性质。通过对所有决策单元进行基于优势度比较及分类的基础上，并基于三元有向距离指数模型实现了所有决策单元的全序化。最后利用该模型对中国 16 家上市银行的绩效进行了更为全面的评价与排序分析。

第六章

双前沿面交叉效率模型

6.1 问题描述

在经典的 DEA 模型中，一个 DMU 的效率通过最大化产出加权和与投入加权和的比值得到，并且假设这个比值不超过 1，就是对于每个被评的决策单元用最有利于自身的投入产出权重来计算效率。查恩斯等人提出的 DMU 绩效测度正是从这种乐观角度去测算的，塞克斯顿等人提出的求解二次目标也是基于乐观角度测算，基于这种方法的效率称为最优相对效率或乐观效率，并且采用的是投入导向模式，取值会小于等于 1。如果一个 DMU 的乐观效率等于 1，称之为 DEA 有效或乐观有效；否则，称为 DEA 非有效或乐观非有效。乐观有效的 DMUs 当然优于乐观非有效的 DMUs。

另外，很多学者从悲观角度也提出了测算 DEA 绩效的方法[159,160]。对于这种方法，每个被评价 DMU 采用对其最不利的投入产出权重来计算效率。这种从悲观角度测得的效率被称为最差相对效率或悲观效率，往往也采用投入导向模式，效率值范围为大于等于1。如果悲观效率等于1，称为悲观无效或DEA无效；否则，称为悲观非无效或DEA非无效。悲观无效的DMUs劣于悲观非无效DMUs。

由于以上任何单一的评价方法都会造成评价的偏颇，而较为全面的是多伊尔等人最早提出的从乐观和悲观两个角度去评价决策单元的评价方法[161]，在他们的研究中，悲观效率作为下界，乐观效率作为上界，共同组成了效率区间。悲观与乐观效率从两个极端测算了DMU的绩效。从乐观和悲观两方面来评价DMU绩效的方法称为“双前沿面”法。该方法一般通过以下两种方法来进行综合评价：

（1）作为一个效率区间（例如，一个DMU的效率为介于悲观与乐观之间的效率区间）。

圆谷[157]的模型有两个明显的缺点：一是在效率区间下界计算的只考虑一种投入和一种产出的情况，导致了信息缺失和与实际问题的背离；二是生产前沿面不一致，使得计算的效率区间不具有可比性。王应明等人[162]提出了一组有界DEA模型来处理精确数据，通过引入一个虚拟的非理想DMU和理想DMU去测评乐观和悲观效率。然而当每项产出或者投入中都有一个数据为零时，有界DEA模型便无法获得效率区间，于是阿齐兹等提出了改进的有界模型，使用乐观效率和悲观效率测评了决策单元的全局绩效[163,164]。

（2）另一个思路是对乐观和悲观效率进行整合（通过取平均值或其他数学方法在两种测度间进行聚合）。王应明等人[165]使用悲观效率和乐观效率的几何平均来评价DMU的整体效率，它比只考虑其中一种效率更为全面。此后，王应明和蓝以信（Wang & Lan）[166]、钱桂生等人[167]、阿齐兹等人[168]、王应明和钱桂生[169]扩展了这种方法。阿米蒂莫奥利等人（Amirteimoori et al.）[170]基于有效和无效前沿面提出了理想和非理想指标，即最大化被评价的DMU到有效和无效前沿面的加权距离。贾赫德（Jahed）[171]提出了两种新的效率的整合方法，并在不确定条件下基于该方法进行有效性的鉴别。陆志鹏[172]等将决策单元的变量进行区间划分，对各个区间上决策单元效率进行集结，得到综合效率区间，作为决策单元的效率评价的基准。基于规模报酬，王应明和蓝以信[173]检验了一个DMU在乐观和悲观两种情形下的最优生产规模。吴杰[174]等结合了DEA和TOPSIS法，将模型中的权重从主观赋值变为客观计算，使得评价结果更易接受。其他的从乐观和悲观两个角度进行该方法研究的还有赵苏永和金俊英（Cho & Kim）[175]、约翰逊和莫吉俊幸等人（Johnson & Sueyoshiet et al.）[176]、因纽古奇和米佐希塔（Inuiguchi & Mizoshita）[177]、杨晓鹏和广岛森田（Yang & Morita）[178]、莫吉俊幸和戈托（Sueyoshi & Goto）[179,183]、蒋建林等人（Jiang et al.）[180]。

综上所述，对于交叉效率或者是第二目标，一般通过增加约束条件来限制权重，从而增加单元之间的可比性及区分度，但本质上带有主观偏好；一般的交叉效率矩阵得到的排序结果往往差异较大，很难达到一致；而双前沿面在计算效率区间及整合问题中也仅仅基于最优与最劣两个角度进行集结，仍存在权重的非唯一性。以上各种模型都存在依赖主观目标选择、信息量少、排序差异大的问题，很难在被评价单元之间获得认可。

为了提高评价的可接受性，综合考量双前沿面下模型结果对决策单元的评估，本章利用粗糙集理论与方法提出了基于可辨识矩阵及序数型有向距离指数的双前沿面二级 DEA 效率评价模型。首先，基于双前沿面下 CCR、进取型与仁慈型交叉效率这些经典模型计算效率值，以此多模型效率分数构建连续值信息系统，并基于效率分数建立优势关系辨识矩阵，识别最小的辨识属性集，进而基于最小辨识属性集进行对象优势度比较，进行优势度排序。其次，在二级排序时，本章基于第 3 章提出的序数型有向距离指数将优势度排序的结果全序化。最后，通过一个算例验证了基于该思路在双前沿面进行排序的有效性。

6.2 双前沿面 DEA 交叉效率模型

6.2.1 基于最优前沿面的交叉效率

假设有 n 个决策单元（DMU），每个 DMU 都有 m 个投入，s 个产出。设 DMU_j($j=1, 2, \cdots, n$) 的投入和产出向量分别为：

$$X_j=(x_{1j}, x_{2j}, \cdots, x_{mj})^T>0, \ Y_j=(y_{1j}, y_{2j}, \cdots, y_{sj})^T>0,$$
$$j=1, 2, \cdots, n$$

对于第 d 个决策单元，其基于最优前沿面的 CCR 效率如模型 (2.2) 所示，在乐观情形下，在决策单元 d 达到其最优效率时，决策单元 p 基于 d 的仁慈型交叉效率及进取型交叉效率模型分别如模型（3.3）与模型（3.4）所示。

乐观交叉效率的方法从对自身最优的角度避免了基于权重计算效率时的极端性，从自评与互评两个角度对每个决策单元进行了评价。

6.2.2 基于最劣前沿面的交叉效率

对于第 d 个决策单元，其基于最劣前沿面的 CCR 效率为：

$$\min \quad \sum_{r=1}^{s} \mu_r y_{rd} = \theta_{dd}^{p}$$

$$\text{s.t.} \begin{cases} \sum_{i=1}^{m} \omega_i x_{ij} - \sum_{r=1}^{s} \mu_r y_{rj} \leqslant 0 & j = 1, 2, \cdots, n \\ \sum_{i=1}^{m} \omega_i x_{id} = 1 \\ \omega_i \geqslant 0 & i = 1, 2, \cdots, m \\ \mu_r \geqslant 0 & r = 1, 2, \cdots, s \end{cases} \tag{6.1}$$

此效率可调整为 $\beta_{dd}^{p} = \frac{\theta_{dd}^{p}}{\max\{\theta_{jj}^{p},\ j=1,\ 2,\ \cdots,\ n\}}$，$\beta_{dd}^{p} \subset (0, 1]$，落在悲观前沿面上 θ_{dd}^{p}的值均为1，而离开此前沿面的决策单元 θ_{dd}^{p}均大于1，且距离前沿面越远，θ_{dd}^{p}的值越大，β_{dd}^{p}的值也越大。

与模型（2.2）相似，模型（6.1）的解仍有可能不唯一，仍然可采用仁慈型与进取型两种模型分别计算其效率。基于最劣前沿面，决策单元 p 基于 d 的仁慈型交叉效率为：

$$\max \quad \sum_{r=1}^{s} \mu'_r y_{rp} = \bar{\theta}_{dp}^{p}$$

$$
\text{s.t.}\begin{cases}\sum_{i=1}^{m}\omega_i' x_{ij} - \sum_{r=1}^{s}\mu_r' y_{rj} \leqslant 0 \quad j = 1, 2, \cdots, n \\ \sum_{i=1}^{m}\omega_i' x_{ip} = 1 \\ \theta_{dd}^{p}\sum_{i=1}^{m}\omega_i' x_{id} = \sum_{r=1}^{s}\mu_r' y_{rd} \\ \omega_i' \geqslant 0 \quad i = 1, 2, \cdots, m \\ \mu_r' \geqslant 0 \quad r = 1, 2, \cdots, s\end{cases} \tag{6.2}
$$

基于最劣前沿面，决策单元 p 的进取型交叉效率为：

$$
\min \quad \sum_{r=1}^{s}\mu_r' y_{rp} = \underline{\theta}_{dp}^{p}
$$

$$
\text{s.t.}\begin{cases}\sum_{i=1}^{m}\omega_i' x_{ij} - \sum_{r=1}^{s}\mu_r' y_{rj} \leqslant 0 \quad j = 1, 2, \cdots, n \\ \sum_{i=1}^{m}\omega_i' x_{ip} = 1 \\ \theta_{dd}^{p}\sum_{i=1}^{m}\omega_i' x_{id} = \sum_{r=1}^{s}\mu_r' y_{rd} \\ \omega_i' \geqslant 0 \quad i = 1, 2, \cdots, m \\ \mu_r' \geqslant 0 \quad r = 1, 2, \cdots, s\end{cases} \tag{6.3}
$$

此时，基于最劣前沿面建立的决策单元 p 的平均仁慈型交叉效率为：

$$
\bar{E}_p^p = \frac{1}{n}\sum_{j=1}^{n}\bar{\theta}_{jp}^{p}\text{，可调整为 } \bar{\beta}_p^p = \frac{\bar{E}_p^p}{\max\{\bar{E}_j^p,\ j = 1, 2, \cdots, n\}} \tag{6.4}
$$

决策单元 p 的平均进取型交叉效率为：

$$\underline{E}_p^p = \frac{1}{n}\sum_{j=1}^{n}\underline{\theta}_{jp}^p\text{，可调整为 }\underline{\beta}_p^p = \frac{\underline{E}_p^p}{\max\{\overline{E}_j^p,\ j = 1, 2, \cdots, n\}} \tag{6.5}$$

双前沿面模型从两种角度对决策单元进行了评价，序数型的有向距离指数为序信息系统中每个决策单元的整体排序及性能评价提供了更精确的方法，从而能全序化所有决策单元。综上所述，通过构建双前沿面信息系统，基于辨识矩阵的优势度排序刻画了关键评价属性上决策单元之间的优劣程度，而序数型距离指数则以优势度为基础，在所有属性上从距离的角度对决策单元间的优劣进行了比较，即将关键属性扩展到了所有属性上，是对排序与分类的更精细的比较。利用上述两个步骤对 DEA 的综合排序既体现了考虑双前沿面时分类重要特征的约简属性集，又度量了全体属性集上两两对象的优劣程度，得到的结果容易获得各个决策单元的共同认可，具有较高的可接受性。

根据上述定义及定理，综合排序的过程可按照以下步骤计算：

第 1 步：利用上述双前沿面下的六种模型得到的效率分数构建序信息系统。

第 2 步：基于该序信息系统构造辨识矩阵，建立非空辨识集，找到最小的辨识属性集。

第 3 步：为每个对象建立优势关系集，并根据优势度公式在约简属性集 B 上，计算决策单元的相对优劣程度并建立优势关系矩阵；计算每个决策单元的综合优势度。

第 4 步：对在优势度中处于并列排序的单元进行序数型数据的有向距离的计算，获得全序化结果。

6.3 算例研究

本节使用文献［181］的算例来演示上述模型，并将该文献中的利用熵计算的结果与本书的方法所计算的结果进行比较。在此算例中，共有10个决策单元，每个决策单元有两种投入、一种产出，投入产出数据见表6.1。表6.2列出了前述6种模型的效率分数计算结果。

表6.1　　投入产出数据

No.	投入产出指标			No.	投入产出指标		
	投入1	投入2	产出1		投入1	投入2	产出1
DMU1	0.199	31.598	183	DMU6	0.580	28.913	114
DMU2	0.595	35.717	102	DMU7	1.280	36.500	151
DMU3	12.900	1.283	289	DMU8	0.476	14.265	108
DMU4	0.621	32.984	117	DMU9	1.440	4.046	308
DMU5	0.827	33.161	165	DMU10	2.950	39.650	392

表6.2　　6种模型所得效率值

乐观效率值			悲观效率值		
θ_{dd}^{o}（a_1）	$\overline{\theta}_{p}^{o}$（$a_2$）	$\underline{\theta}_{p}^{o}$（$a_3$）	β_{dd}^{p}（a_4）	$\overline{\beta}_{p}^{p}$（a_5）	$\underline{\beta}_{p}^{p}$（$a_6$）
1	0.908	0.946	0.276	0.188	0.236
0.363	0.331	0.324	0.136	0.052	0.108
1	0.289	0.223	0.136	1	0.948

续表

乐观效率值			悲观效率值		
θ_{dd}^{o} (a_1)	$\overline{\theta}_{p}^{o}$ (a_2)	$\underline{\theta}_{p}^{o}$ (a_3)	β_{dd}^{p} (a_4)	$\overline{\beta}_{p}^{p}$ (a_5)	$\underline{\beta}_{p}^{p}$ (a_6)
0.427	0.389	0.380	0.169	0.061	0.132
0.522	0.477	0.462	0.223	0.075	0.178
0.461	0.420	0.410	0.183	0.065	0.146
0.457	0.327	0.316	0.173	0.054	0.139
0.764	0.617	0.595	0.32	0.101	0.256
1	1	1	1	0.476	1
0.507	0.470	0.452	0.326	0.099	0.270

表 6.3 所示为辨识矩阵，对象 x_i(i = 1，…，10）表示 10 个被评价单元，a_k(k = 1，…，6）表示构建的连续值信息系统中的属性。根据表 6.3，在辨识矩阵中提取非空辨识集合：

$$Q = \{\{a_5\}, \{a_5, a_6\}, \{a_4, a_6\}, \{a_2, a_3\}, \{a_2, a_5, a_6\}, \{a_2, a_4, a_5\}, \{a_3, a_4, a_5\}, \{a_3, a_5, a_6\}, \{a_2, a_3, a_4, a_6\}, \{a_1, a_2, a_3, a_5\}, A\}$$

可得到最小辨识属性集不唯一，即：$\{a_2, a_5, a_6\}$，$\{a_2, a_4, a_5\}$，$\{a_3, a_4, a_5\}$ 和 $\{a_3, a_5, a_6\}$，这样的辨识属性集为连续值信息系统（U，A，F）在优势关系 $R_B^{\geqslant}$ 下的属性约简集。根据 $B = \{a_2, a_5, a_6\}$ 计算每个对象的优势类如下：

$[x_1]_B^{\geqslant} = \{x_1, x_9\}$，　$[x_2]_B^{\geqslant} = \{x_1, x_2, x_4, x_5, x_6, x_8, x_9, x_{10}\}$

$[x_3]_B^{\geqslant} = \{x_3\}$，　$[x_4]_B^{\geqslant} = \{x_1, x_4, x_5, x_6, x_8, x_9, x_{10}\}$

$[x_5]_B^{\geqslant} = \{x_1, x_5, x_8, x_9\}$　$[x_6]_B^{\geqslant} = \{x_1, x_5, x_6, x_8, x_9, x_{10}\}$

$[x_7]_B^{\geqslant} = \{x_1, x_5, x_6, x_7, x_8, x_9, x_{10}\}$　$[x_8]_B^{\geqslant} = \{x_8, x_9\}$

$[x_9]_B^{\geqslant} = \{x_9\}$　$[x_{10}]_B^{\geqslant} = \{x_9, x_{10}\}$

表 6.3　双前沿面模型下效率分数的辨识矩阵

U	x_1	x_2	x_3	x_4	x_5	x_6	x_7	x_8	x_9	x_{10}
x_1	∅	A	a_2，a_3，a_4	A	A	A	A	a_1，a_2，a_3，a_5	A	a_1，a_2，a_3，a_5
x_2	∅	∅	a_2，a_3	∅	∅	∅	a_1，a_2，a_3	∅	∅	∅
x_3	a_5，a_6	a_1，a_5，a_6	∅	a_1，a_5，a_6	a_1，a_5，a_6	∅	a_1，a_5，a_6	a_1，a_5，a_6	a_5	a_1，a_5，a_6
x_4	∅	A	a_2，a_3，a_4	∅	∅	∅	a_1，a_2，a_3，a_5	∅	∅	∅
x_5	∅	A	a_2，a_3，a_4	A	∅	A	A	∅	∅	a_1，a_2，a_3
x_6	∅	A	a_2，a_3，a_4	A	∅	∅	A	∅	∅	∅
x_7	∅	a_4，a_5，a_6	a_2，a_3，a_4	a_6	∅	∅	∅	∅	∅	∅
x_8	a_4，a_6	A	a_2，a_3，a_4	A	A	A	A	∅	∅	a_1，a_2，a_3，a_5
x_9	∅	A	a_2，a_3，a_4，a_6	A	A	A	A	A	∅	A
x_{10}	a_4，a_6	A	a_2，a_3，a_4	A	a_4，a_5，a_6	A	A	a_4，a_6	∅	∅

根据每个对象的优势类计算决策单元的相对优势程度，并建立优势关系矩阵，见表 6.4。从优势度矩阵中，可以计算得出每个决策单元的全局优势度：

$$R_B(x_1)=\frac{84}{90},\ R_B(x_2)=\frac{48}{90},\ R_B(x_3)=\frac{81}{90},\ R_B(x_4)=\frac{56}{90},\ R_B(x_5)=\frac{76}{90}$$

$$R_B(x_6)=\frac{65}{90},\ R_B(x_7)=\frac{56}{90},\ R_B(x_8)=\frac{85}{90},\ R_B(x_9)=\frac{89}{90},\ R_B(x_{10})=\frac{84}{90}$$

根据优势度指标的大小，排序的结果为：

$$DMU_9 \geqslant DMU_8 \geqslant \begin{pmatrix} DMU_1 \\ DMU_{10} \end{pmatrix} \geqslant DMU_3 \geqslant DMU_5 \geqslant DMU_6 \geqslant \begin{pmatrix} DMU_4 \\ DMU_7 \end{pmatrix} \geqslant$$

DMU_2。

基于优势度排序方法，某些单元由于位置相同难以区分，如 DMU_4 与 DMU_7，排序均为 8；DMU_1 与 DMU_{10}，排序均为 3。为了进一步区分这些单元，现利用序数值有向距离指数公式对并列单元进行排序：

$DDI_A(x_4,\ x_7)=-\frac{5}{54}<0$，可见 $x_4 \geqslant x_7$，即 $DMU_4 \geqslant DMU_7$，

$DDI_A(x_1,\ x_{10})=-\frac{1}{6}<0$，可见 $x_1 \geqslant x_{10}$，即 $DMU_1 \geqslant DMU_{10}$。

表 6.4　　　　对象两两比较的优势度矩阵

$R_B(x_i,\ x_j)$	x_1	x_2	x_3	x_4	x_5	x_6	x_7	x_8	x_9	x_{10}
x_1	1	9/10	8/10	1	1	1	1	9/10	9/10	9/10
x_2	4/10	1	2/10	9/10	6/10	8/10	8/10	4/10	3/10	4/10
x_3	9/10	9/10	1	9/10	9/10	9/10	9/10	9/10	9/10	9/10
x_4	7/10	8/10	3/10	1	7/10	9/10	8/10	5/10	4/10	5/10

续表

$R_B(x_i, x_j)$	x_1	x_2	x_3	x_4	x_5	x_6	x_7	x_8	x_9	x_{10}
x_5	8/10	1	6/10	1	1	1	1	8/10	7/10	7/10
x_6	6/10	1	4/10	1	8/10	1	1	6/10	5/10	6/10
x_7	5/10	9/10	3/10	9/10	7/10	9/10	1	5/10	4/10	5/10
x_8	9/10	1	8/10	1	1	1	1	1	9/10	9/10
x_9	1	1	9/10	1	1	1	1	1	1	1
x_{10}	9/10	1	8/10	1	9/10	1	1	9/10	9/10	1

双前沿面模型效率分值系统经过两步排序后，得到 10 个单元的最终排序结果：$DMU_9 \geqslant DMU_8 \geqslant DMU_1 \geqslant DMU_{10} \geqslant DMU_3 \geqslant DMU_5 \geqslant DMU_6 \geqslant DMU_4 \geqslant DMU_7 \geqslant DMU_2$。基于本书的方法得到的排序结果与前述 6 种模型效率分值进行的排序及文献［184］的排序比较如表 6.5 所示。从表 6.5 的排序结果发现，各种排序方法对大部分单元的排序影响是不大的，各模型差异较大的主要集中在对 DMU_3 的评价上。双前沿面下的 6 个模型给 DMU_3 的排序分别为 1，10，10，10，1，2，差异较大，即单独用双前沿面中的任何一种模型会造成评价较大的波动性。同时，利用四熵模型与六熵模型得到的排序对 DMU_3 很有利，与其他模型排序差异较大，这样的模型在评价时不利于达成一致结果；本书综合考虑了双前沿面下的 6 种模型的效率，计算后该单元的排序为 5，可看出是基本 6 种模型的合理综合；可见为了能够较为全面地衡量决策单元的性能，双前沿面构造的信息系统及基于辨识矩阵的约简属性集排序最大的综合考量了原有系统的结构特征，而序数有向距离指数又细分了获得同一位置的单元，这样的排序更合理，得到的排序结果更容

易被其他单元认可与接受。

表 6.5　　　　各方法排序结果比较

No.	θ_{dd}^{o}	$\overline{\theta}_{p}^{o}$	$\underline{\theta}_{p}^{o}$	β_{dd}^{p}	$\overline{\beta}_{p}^{p}$	$\underline{\beta}_{p}^{p}$	四熵模型	六熵模型	本书方法
DMU1	1	2	2	4	3	5	3	3	3
DMU2	9	8	8	9	10	10	10	10	10
DMU3	1	10	10	10	1	2	1	2	5
DMU4	8	7	7	8	8	9	8	8	8
DMU5	5	4	4	5	6	6	6	6	6
DMU6	7	6	6	6	7	7	7	7	7
DMU7	10	9	9	7	9	8	9	9	9
DMU8	4	3	3	3	4	4	4	4	2
DMU9	1	1	1	1	2	1	2	1	1
DMU10	6	5	5	2	5	3	5	5	4

6.4 本章小结

本章提出了在 DEA 模型中进行整体评价的一致方法，即为每个 DMU 从乐观和悲观两个方面进行评价。在乐观前沿与悲观前沿两个包络面下，CCR 自评与交叉效率互评的经典 6 个模型从各种角度表示了被评价单元的效率分值，基于此的粗糙集模型将 6 个模型获得的效率值作为 6 个属性，从辨识矩阵中去掉冗余属性，获得约简的属性集，在此基础上利用优势度对各决策单元的性能进行排序；当存在处于同一位置时的单元不止一个时，可利用序数有向距离指数对处于同一位置的若干单元计算距离，最终将所有单元全序化。因此，这样的评价比单一的评价更全面，与之前的研究相比较，基于粗糙集的方法使得评价结果更客观。最后，给出算例对该方法进行了检验。未来的研究中通过这样的方法可以将各种 DEA 模型进行综合考虑，例如可以拓展在不同偏好下构建 DEA 模型的综合效率分值及综合排序方法的研究。同时不可否认，无论是从乐观还是悲观角度，效率区间测评了 DMU 的两种极端情况，在两种前沿面下的区间数据能更有效地进行效率的评价，这也是今后研究中可改进的。

第七章

考虑环境处置性的 EBM 模型

7.1 问题描述

当今，城市化进程带来了许多诸如环境污染、能源过度消耗的问题，能源与环境问题越来越制约着经济的发展，这些都影响着人类健康及社会的可持续发展。生态经济效率（Eco – Efficiency），可看作是产品与服务的创造价值与其所带来的环境影响的比值，表明了经济输出与环境影响之间的比值。该名称最早由企业可持续发展委员会（BCSD）提出，OECD，WBCSD 等其他世界机构给生态经济效率进行了不同的定义。1990 年，沙尔特格和斯图姆引入了生态经济效率，并对其重要性做了高度评价。近年来，该领域的研究也受到学者的广泛关注。生态经济效率的主要目标是降低资源消耗、减少环境影响、提高产品或服务价值，生态经济效率的本质内涵也正类似于数据包络分析的本质，即对同质的单元以最小的投入来获得最大的产出的同时尽可能避免污染物等非期望产出，从而提高效率。

考虑到投入与产出的密不可分性，DEA 可以有效地比较单元之间的效率。如图 7.1 所示，DEA 模型可根据径向或非径向、导向或非导向、对非期望产出的处理方式等不同特征进行划分，从而能够有效地对能源及环境效率（E&E）做出评价。在 DEA 模型的选择与构建中，有两个问题需要注意：第一是关于模型的区分力的问题。一般而言，非径向模型比径向模型具有更高的区分力。传统的径向模型旨在获得投入或产出的最大程度的同比例变化，而非径向模型则关注于某项投入或产出的最大程度的改变而不考虑各种投入或各种产出的同比例变化这一假设。径向模型有两个缺点：其一是在效率分数中忽略了非径向的松弛。如果这些松弛具有重要作用，径向模型仅使用效率分数这一指标来评价 DMU 可能会误导决策；另一个问题是某些投入要素不可相互替代，因此实际中它们不能同比例变化。非径向模型在这两个问题上具有优势。但是非径向模型也有一些问题，它能获得非径向的松弛得到 DMU 的投影，但是会忽略原始投入或产出的同比例变化，因为松弛和原始的投入或产出并不是同比例的，该模型的另外一个缺陷源于线性规划的解的问题[182]。在这些非径向的模型中，刀根薰（Tone）提出的基于松弛的模型，近年来被广泛使用[183]。第二个需要关注的问题是如何处理非期望产出。DEA 模型可计算全要素生产率，通过设定不同的线性规划来测量环境效率、经济效率或能源效率时将不可避免地涉及非期望产出，相比于环境 DEA 技术，传统的将非期望产出看作投入或者采用取倒数等方式不能真实地反映生产过程。环境 DEA 技术，也称之为弱处置性参考技术，由于其可作为一个标准的指数来测量环境效率水平而逐渐受到研究者的关注。胡均立（Hu）[184]基于全要素生产率定义了全要素能源效率；泰特卡[185]提出的非期望产出导向的模型可测量被评价单元的纯环境性能，周鹏[186]基于环境生产技术利用 SBM 模型的变化提出了两种经济效率的测算方法，并对能源和环境研究中 DEA 的作用进行了总结[187]，但是，鲜见在径向与非径向的框架下结合环境 DEA 技术的文献。因此，在结合径向与非径向特征的 DEA 框架下，如何基于环境生产技术测量效率仍然值得研究。

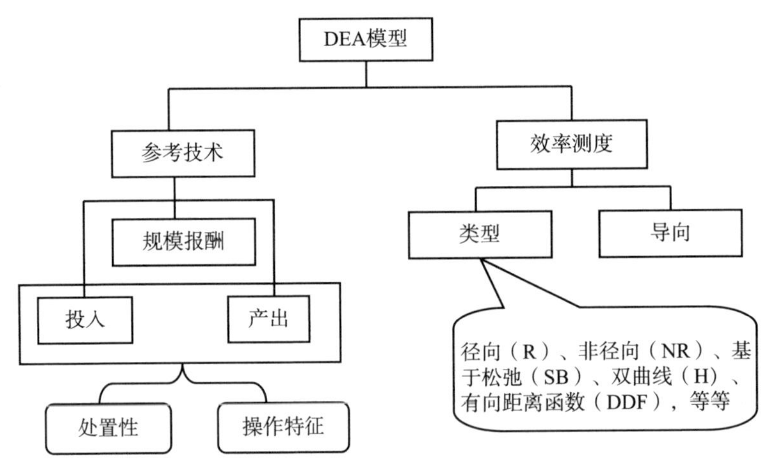

图 7.1　DEA 模型的一般结构

一般的抽象系统包含有许多种因素，多种因素共同作用的结果决定了该系统的发展态势。数理统计中的回归、方差分析等都是进行系统分析的方法。但是由于数据灰度大，再加上人为原因，采用数理统计难以奏效。由邓聚龙提出的灰色系统理论及灰色关联分析方法弥补了采用数理统计方法进行系统分析所导致的缺憾。其基本思想是根据序列曲线几何形状的相似程度来判断其联系是否紧密，曲线越接近，相应序列之间关联度就越大，反之就越小，从而对样本量的多少和样本有无规律都同样适用，而且计算量小，更不会出现量化结果与定性结果分析不符的情况。

本章改进了之前的方法，提出了一个新的综合 DEA 效率模型（EBM－GR－U）。首先引入灰色绝对关联度模型作为相似度指标测量径向特征与非径向特征的相对权重，并类似定义了一个新的灰色关联度模型作为相似度指标，基于 ε 将模型的径向特征与非径向特征相结合，经典的灰色绝对关联度与新定义的灰色关联度指标所构造的相关度指标能够获得 ε 的值。同时本书将非期望产出进行弱可处置性处理，更能真实地反映生产过程。

7.2

考虑环境处置性的 EBM 效率模型

同样的 DEA 模型有多种表达形式，如第二章的模型（2.3）被称为 CCR 的乘数模型，通过求解 n 次该模型能得到 DMU_1 到 DMU_n 每个单元的效率分值，尽管模型（2.3）是线性的，效率分值的计算往往还是要将其转化为对偶形式，如模型（7.1）所示。

$$
\max \quad \theta
$$

$$
\text{s.t.}\begin{cases}\sum_{i=1}^{m}\lambda_j x_{ij}\leqslant \theta x_{io} & j=1,2,\cdots,n\\ \sum_{r=1}^{s}\lambda_j y_{rj}\geqslant y_{ro} \\ \lambda_j\geqslant 0 & j=1,2,\cdots,n\end{cases}\tag{7.1}
$$

模型（7.1）是投入导向 CCR 模型的包络形式（Farrell 模型），它表示对 DMU_o 的投入尽可能地成比例收缩而不减少当前的产出水平。在经济类的文献中，模型（7.1）可以追溯到冯·诺依曼和库普曼斯（Von Neumann & Koopmans）的活动分析模型，同时也与谢波德的投入距离函数模型有紧密的联系。注意到该模型中的限制集对应于规模收益不变（CRS）的分段线性生产技术，对投入和产出都是强可处置性的：

$$T = \{(x, y): \sum_{j=1}^{n} z_j x_{ij} \leqslant x_i, \ i = 1, 2, \cdots, m$$
$$\sum_{j=1}^{n} z_j y_{rj} \geqslant y_r, \quad r = 1, 2, \cdots, s$$
$$z_j \geqslant 0, \ j = 1, 2, \cdots, n\} \tag{7.2}$$

其中，$x = (x_1, x_2, \cdots, x_n)$ 和 $y = (y_1, y_2, \cdots, y_n)$ 分别是投入产出向量。T 为包含所有可能投入产出组合的参考技术集。

在传统的 DEA 模型中，包括 CCR 等模型，其投入和产出往往为强可处置性或自由可处置性。换句话说，其参考技术满足：如果 $(x, y) \in T$，并且 $x' \geqslant x$（或 $y' \leqslant y$），那么 $(x', y) \in T$ 或者 $(x, y') \in T$。尽管如此，这样的假设在真实的生产过程中不总是满足的。例如，热电厂产生电能时伴随产生非期望产出，如二氧化硫等，在这种情况下，非期望产出减少是有成本的。这时不再适合用强可处置性假设。

相关文献中提出了很多方法将非期望产出嵌入 DEA 模型中。一般而言，这些方法分为两类：一类是基于数据转换，然后使用传统 DEA 模型，例如，赛福德和朱乔[188]；另一类是使用原始数据，但是采用法埃尔等人提出的弱可处置性概念的参考技术[189]。在

DEA 框架下，弱可处置性参考技术也被称为环境 DEA 技术[190]，可表示为模型（7.3）所示：

$$
\begin{aligned}
T_e = \{(x, y, u): & \sum_{j=1}^{n} z_j x_{ij} \leqslant x_i, \ i = 1, 2, \cdots, m \\
& \sum_{j=1}^{n} z_j y_{rj} \geqslant y_r, \quad r = 1, 2, \cdots, s \\
& \sum_{j=1}^{n} z_j u_{kj} = u_k, \quad k = 1, 2, \cdots, t \\
& z_j \geqslant 0 \quad j = 1, 2, \cdots, n\}
\end{aligned}
\tag{7.3}
$$

其中，$u=(u_1, u_2, \cdots, u_t)$ 代表了非期望产出向量，T 与 T_e 的差异为：在 T_e 中，只减少非期望产出是不可行的，但是期望产出和非期望产出成比例减少是可行的。另外，T_e 也满足了期望产出的零结合性，即如果 $(x, y, u) \in T$ 并且 $u=0$，则 $y=0$。它表明了消除所有非期望产出的唯一方式是停止生产。因此，T_e 是当期望和非期望产出同时产生时真实生产过程的更好代表。它也被广泛地应用到估计带有污染物的生产率和模拟环境绩效测评等 E&E 研究中。

从效率测度中的模型导向来讲，在 E&E 研究中效率测度主要包括投入导向、产出导向和非期望产出导向。在每种类型中，又有各种不同的效率测度方法，其优势各不相同。

从效率测度中的模型类型来讲，径向效率测度是通过成比例的调整投入和产出，在 DEA 中最为常见。如果使用 T_e 与径向效率测度来调整非期望产出，可采用如 $\{\theta: (x_0, y_0, \theta u_0) \in T_0\}$ 的模型来测量 DMU_0 的环境绩效。非径向测量允许不同投入或产出的非比例调整，它通常比径向模型有更高的区分力。基于松弛的效率测度是直接基于投入或产出的松弛建立的，有多种松弛测度方法，如加性模型或刀根薰的测度。由于基于松弛的测度能够鉴别所有的经济无效，其区分力是很高的。双曲线效率测度是以同样的比例同时减少投入和增加产出，可描述为 $\{\theta: (\theta x_0, y_0/\theta) \in T_0\}$。方向距离函数（DDF）效率测度基于一个给定的方向向量可允许同时扩展期望产出和减少投入或（和）非期望产出，从而概念更广泛，传统径向模型只是一个特例[191]。

总体而言，本章提出的径向与非径向共同特征框架下基于灰色关联度和非期望产出弱可处置性的综合效率模型，在该模型下采用了经典的灰色关联度及新定义的灰色绝对关联度改善了对决策单元的区分力并且能更真实地反映生产过程。

7.2.1 结合径向与非径向特征的 EBM - GR - U 研究框架

7.2.1.1 环境 DEA 技术

假设有 n 个同质的单元为 $DMU_j(j=1, 2, \cdots, n)$，每个决策单元的投入向量、期望产出向量及非期望产出向量分别表示为 $x=(x_1, x_2, \cdots, x_m)$，$y=(y_1, y_2, \cdots, y_s)$ 和 $z=(z_1, z_2, \cdots, z_t)$，即消耗 m 种投入，生产 s 种期望产出及 t 种非期望产出。

正如法埃尔和格罗斯考普夫所描述的，如果环境产出集合在 DEA 框架中进行描述，相应的参考技术被称为环境 DEA 技术。为了准确描述带有期望产出与非期望产出的生产过程，法埃尔提出的生产技术集 T 中需增加以下两个假设[192]：

（1）产出的弱可处置性。即，如果 $(x, y, b) \in T$ and $0 \leqslant \theta \leqslant$

1，那么（x，θy，θb）∈T；

（2）非期望产出与期望产出的零结合性。即，如果（x，y，b）∈T且b=0，那么y=0。

这两个假设表明仅减少非期望产出是不可行的，非期望产出的减少必定伴随着期望产出的减少。

7.2.1.2　EBM－GR－U的框架

在规模报酬不变的环境DEA技术用来测量环境绩效的模型很多，在这些模型中，泰特卡提出的非期望产出导向的模型得到了很多关注，因为它能为每个决策单元计算出一个纯环境绩效测度，这里把其称作PEI_1，因为该模型仅允许对非期望产出调整。

$$PEI_1 - \min\lambda$$

$$\text{s.t.}\begin{cases}\sum_{k=1}^{K} z_k x_{nk} \leqslant x_{n0} & n = 1, \cdots, N \\ \sum_{k=1}^{K} z_k y_{mk} \geqslant y_{m0} & m = 1, \cdots, M \\ \sum_{k=1}^{K} z_k u_{jk} = \lambda u_{j0} & j = 1, \cdots, J \\ z_k \geqslant 0 \quad k = 1, \cdots, K\end{cases} \tag{7.4}$$

基于主成分分析的思想，第一个基于ε的EBM模型首先是由泰特卡在2010年提出的[193]。如前所述，由泰特卡提出的非期望产出的模型可用来计算一个标准的指数，这个指数可用来测量被评价单元的纯环境性能。基于这两点思想，本书提出了如下投入导向的EBM－GR－U模型框架，n个单元的经济生态效率可通过求解n次该模型获得，本书对环境影响起重要作用的污染物进行弱可处置性假设，如模型（7.5）所示。

$$\gamma^{*} = \min \quad \theta - \varepsilon \sum_{i=1}^{m} \frac{w_i^- s_{i0}^-}{x_{i0}}$$

$$\text{s. t.} \begin{cases} \theta x_{i0} - \sum_{j=1}^{n} x_{ij}\lambda_j - s_{i0}^- = 0 \quad i = 1, \cdots, m \\ \sum_{j=1}^{n} y_{rj}\lambda_j \geqslant y_{r0} \quad r = 1, \cdots, s \\ \sum_{j=1}^{n} b_{pj}\lambda_j = \rho b_{p0} \quad p = 1, \cdots, t \\ \lambda_j \geqslant 0, s_{ij}^- \geqslant 0 \quad i = 1, \cdots, m \quad j = 1, \cdots, n \end{cases} \tag{7.5}$$

式（7.5）中的 θ 是径向效率的分数，它代表了径向有效的程度。$\sum_{i=1}^{m} \frac{w_i^- s_i^-}{x_{io}}$ 代表了非径向的松弛项。ε 是结合径向效率分数和非径向松弛的关键参数。w_i^- 表示第 i 种投入的权重且满足 $\sum_{i=1}^{m} w_i^- = 1$（$\forall i, w_i^- \geqslant 0$）。在这个公式中，$\varepsilon$ 和 w_i^-（$i=1, \cdots, m$）的值需要预先获得。ρ 表示 DMU_o 的环境效率水平。因此，DMU_o的生态经济效率可通过经济效率与环境效率进行整合，即经济生态效率 eco-efficiency $=\gamma^{*} \cdot \rho$。为了便于计算，可将其环境效率水平（ρ）调整在相同的水平时来测算这些被评价单元的经济效率水平（γ^{*}），即当 $\rho=1$ 时，γ^{*}的值越大，表明 DMU_o在经济及环境性能方面的总表现更好。ε 与 w_i^- 的值能通过构造投入项之间的接近度矩阵获得。

定义 7.1 （EBM－GR－U 投入导向效率）。DMU_o被称为 EBM－GR－U 投入有效⇔$\gamma^{*}=1$。

定义 7.2 模型（7.5）的最优解表示为（θ^{*}，λ^{*}，s^{-*}）。

DMU(x_o, y_o) 的投影可定义如下：

$$x_o^* = X\lambda^* = \theta^* x_o - s^{-*}$$
$$y_o^* = Y\lambda^*$$
$$z_o^* = Z\lambda^* \tag{7.6}$$

7.2.2 基于灰色关联分析的 ε 和权重的获得

正如模型（7.5）所示，需要预先获得两类重要参数 ε 与 $w = (w_i, i = 1, \cdots, m)$ 的值。通过计算被评单元两两投入序列的接近度指标，进而构造接近度矩阵可以获得 ε 与 w 的值。Pearson's 相关系数只能测量出两个序列之间的线性相关的程度，且由于其相关系数的取值范围及相关特性，用其作为密切度指标并不适合。同时，刀根薰所定义的密切度指标不容易形象地体现两个序列之间关系的含义。由于灰色绝对关联分析能有效地度量两个随机变量序列之间的几何相似程度。因此，本书提出了利用灰色绝对关联度来测量投入变量序列之间的相似度。

DEA 模型中投入产出指标的选择及数据的收集往往有人为的因素，数据选取有限且波动较大，没有典型的分布规律，是一种典型的灰色系统。对于每个决策单元而言，一种投入要素的变化往往会伴随其他生产要素投入的变化，即单元的任何两种投入序列之间必然会存在某种关联性。决策单元的投入指标相关度可以用于灰色关联度计算，见表 7.1。若它们的变化趋势、变化速度等特征相接近，表明这两种投入之间的几何相似程度较高。而灰色关联分析是根据序列曲线上点与点之间的距离分析灰色系统中各因素间关联程度的一种量化方法。因此，基于灰色关联度可以衡量所选取的投入指标之间所表达的信息的重叠程度。

表 7.1　　相关度构造采用的投入序列

DMU	$x_1(X_1)$	…	$x_i(X_i)$	…	$x_j(X_j)$	…	$x_m(X_m)$
DMU_1	x_{11}	…	x_{i1}	…	x_{j1}	…	x_{m1}
…	…	…	…	…		…	…
DMU_k	x_{1k}	…	x_{ik}	…	x_{jk}	…	x_{mk}
…		…		…		…	
DMU_n	x_{1n}	…	x_{in}	…	x_{jn}	…	x_{mn}

另外，由于两类投入数据所表达的信息存在一定程度的重叠，因此，可基于主成分分析的思想，对接近度矩阵的特征根和特征向量进行求解。当投入指标之间的接近度越高时，利用主成分压缩的特征根就会越大，根据 ε 与特征根的函数关系，此时 ε 减小，模型非径向特征减小，即此时更适合投入的径向压缩；反之，当投入指标接近度越低，数据越分散，特征根也会越小，ε 会增大，此时更适合于基于非径向的松弛进行投影。

7.2.2.1　基于灰色关联度的新定义的相似度指标

命题 7.1　设系统的行为序列：$X_i = (x_i(1), x_i(2), \cdots, x_i(n))$，记折线 $x_i(1) - x_i(1), x_i(2) - x_i(1), \cdots, x_i(n) - x_i(1)$ 为 $X_i - x_i(1)$，令 $s_i = \int_1^n (X_i - x_i(1))ds$。

则：(1) 当 X_i 为增长序列时，$s_i \geqslant 0$；

（2）当 X_i 为衰减序列时，$s_i \leqslant 0$；

（3）当 X_i 为振荡序列时，s_i 符号不定。

命题 7.2　设系统的行为序列，$X_i=(x_i(1), x_i(2), \cdots, x_i(n))$，$X_j=(x_j(1), x_j(2), \cdots, x_j(n))$，这两个序列具有相同的长度，对序列中的元素做运算 $x_i^0=x_i(k)-x_i(1)$，$k=1, 2, \cdots, n$，可得到两序列的始点零化像分别为：

$$X_i^0=(x_i^0(1), x_i^0(2), \cdots, x_i^0(n)),$$

$$X_j^0=(x_j^0(1), x_j^0(2), \cdots, x_j^0(n)),$$

令 $s_i - s_j = \int_1^n (X_i^0 - X_j^0)\mathrm{d}s$，

则（1）当 X_i^0 恒在 X_j^0 上方，$s_i-s_j \geqslant 0$；

（2）当 X_i^0 恒在 X_i^0 下方，$s_i-s_j \leqslant 0$；

（3）当 X_i^0 恒在 X_j^0 相交，s_i-s_j 的符号不定。

定义 7.3　设序列 X_i 和 X_j 长度相同，s_i 与 s_j 的定义如命题 7.1 所示，则称

$$s_{ij}=\varepsilon_{ij}=\frac{1+|s_i|+|s_j|}{1+|s_i|+|s_j|+|s_j-s_i|} \tag{7.7}$$

为 X_i 和 X_j 的灰色绝对关联度，则这两个序列的相似度指标 s_{ij} 可定义为 $s_{ij}=\varepsilon_{ij}$。

在广义关联体系下，统计理论的线性相关和灰色系统理论的灰色关联都是某种特定的关联。广义关联是选取了距离的反义，由于不同的关联度算法对关联度计算结果会产生影响，利用这样的思想可以试图寻找多种等效关联度。由于广义灰色关联实质是基于对应序列折线间所夹的面积测度序列折线的相似程度，基于此思想，借鉴文献［194］的研究，本书提出了如下改进的接近度模型（7.8）

及相应的接近度指标。公式（7.8）仍然基于面积测度的思想来表征变化序列之间的相关度与接近度，因此仍是基于整体或全局视角考察序列折线相似程度的模型。根据灰色绝对关联度的性质可知，平移不会改变绝对关联度的值，但当两序列的长度发生变化时，ε_{ij}的值也会发生变化，同时正如文献［194］指出的，当序列数据绝对值较大时，可能导致$|s_i - s_j|$的值较大，可以将公式（7.7）分子和分母中的数1取为一个与s_i及s_j相关的数。因此，本书在公式（7.8）中利用$\sqrt{s_i s_j}$来取代数值1，该式反映了随序列进展时的两者面积累积量的变化，在一定程度上能够改善由于上述提到的序列长度发生变化或序列数据绝对值较大所带来的ε_{ij}的值的变化。这样，在有些情形中（例如两序列呈周期波动）这两序列的关联度就不会随着周期的增加或减少而发生变化，即剔除了序列的长度发生变化对关联度的影响。该模型在一定程度上考虑了两个序列长度变化及序列数据绝对值较大时面积的协调变化程度，主要起数值调节的作用，总体而言，仍符合灰关联分析中从序列几何形状及面积入手的思路，曲线越相似，两序列折线所夹面积越小，关联度越大，接近度也越大。另外，由于模型（7.8）在某些投入或产出序列为0时，可能无法进行计算，因此，模型（7.9）可作为在这种情形下对模型（7.8）的近似替代。

定义7.4 假设两个序列X_i和X_j具有相同的长度，s_i与s_j的定义如命题7.1所示。那么，这两个序列的相似度指标s(i，j）可定义如下：

$$s_{ij} = \varepsilon_{ij} = \frac{\sqrt{|s_j s_i|} + |s_i| + |s_j|}{\sqrt{|s_j s_i|} + |s_i| + |s_j| + |s_j - s_i|} \tag{7.8}$$

$$s_{ij}=\varepsilon_{ij}=\frac{1+\sqrt{|s_j s_i|}+|s_i|+|s_j|}{1+\sqrt{|s_j s_i|}+|s_i|+|s_j|+|s_j-|s_i||} \tag{7.9}$$

公式（7.8）、公式（7.9）具有如下的四点性质：

（1）自反性，$\forall i$，$s(i, i)=1$；

（2）对称性，$\forall i, j$，$s(i, j)=s(j, i)$；

（3）规范性，$\forall i, j$，$0\leqslant s(i, j)\leqslant 1$；

（4）接近性。

证明：（1）自反性：$|s_i-s_i|=0$，$\therefore \forall i$，$s(i, i)=1$；

（2）对称性：$|s_i-s_j|=|s_j-s_i|$ 知 $s_{ij}=s_{ji}$成立；

（3）规范性：显然 $s_{ij}=\varepsilon_{ij}>0$，又$|s_j-s_i|\geqslant 0$，所以 $s_{ij}=\varepsilon_{ij}\leqslant 1$；

（4）接近性：显然成立。

7.2.2.2　在 EBM－GR－U 模型中使用相似度指标的步骤[193]

步骤 1：将所有 DMUs 投影到 VRS 前沿面上。

$$\min \quad \frac{1-\frac{1}{m}\sum_{i=1}^{m}\frac{s_i^-}{x_{io}}}{1+\frac{1}{s}\sum_{r=1}^{s}\frac{s_i^+}{y_{io}}}$$

$$\text{s.t.}\begin{cases} x_{io}=\sum_{j=1}^{n}x_{ij}\lambda_j+s_i^- & i=1,\cdots,m \\ y_{ro}=\sum_{j=1}^{n}y_{rj}\lambda_j-s_r^+ & r=1,\cdots,s \\ b_{po}=\sum_{j=1}^{n}b_{pj}\lambda_j & p=1,\cdots,k \\ \sum_{j=1}^{n}\lambda_j=1 \\ \lambda_j\geqslant 0,\ s_i^-\geqslant 0,\ s_r^+\geqslant 0,\ \forall i,j,r \end{cases} \tag{7.10}$$

通过将所有 DMUs 投影到规模报酬可变假设下的前沿面上，可以提高估计的准确性。投影模型如模型（7.10）所示。

利用松弛投入产出的投影可定义为：$\tilde{x}_{io} = x_{io} - s_i^{-*}$（$i = 1, \cdots, m$）；$\tilde{y}_{ro} = y_{ro} - s_r^{-*}$（$r = 1, \cdots, s$）

n 个 VRS 有效单元 DMUs 可表示为：$\bar{X} = \bar{x}_1, \cdots, \bar{x}_m$，$\bar{Y} = \bar{y}_1, \cdots, \bar{y}_s$，所有 CRS 有效与 VRS 有效的 DMUs 也包含在这个集合中。

步骤 2：由于步骤 1 采用不同的投影模型会得到不同的投影结果，那么也可根据观察到的实际数据来代替投影。

即采用 $X = \begin{pmatrix} x_1 \\ \cdots \\ x_m \end{pmatrix} = \begin{pmatrix} x_{11} & \cdots & x_{1n} \\ \vdots & \ddots & \vdots \\ x_{m1} & \cdots & x_{mn} \end{pmatrix}$，$Y = \begin{pmatrix} y_1 \\ \cdots \\ y_s \end{pmatrix} = \begin{pmatrix} y_{11} & \cdots & y_{1n} \\ \vdots & \ddots & \vdots \\ y_{s1} & \cdots & y_{sn} \end{pmatrix}$

来代替 $\bar{X}$、$\bar{Y}$。根据公式（7.5），仅考虑投入序列接近度，接近度矩阵 $S = [s_{ij}] \in R^{m \times m}$ 是由元素 $s_{ij} = s(\bar{x}_i, \bar{x}_j)$ 或 $s_{ij} = s(\bar{x}_i, \bar{x}_j)$ 组成。如表 7.1 所示，x_i，x_j 为所有单元的第 i 种与第 j 种投入实际数据的序列，其中 $i, j = 1, 2, \cdots, m$。$s_{ij} = \varepsilon_{ij} = s(x_i, x_j)$ 为根据实际投入数据及公式（7.7）或公式（7.8）的定义得到的两两投入序列之间的接近度指标，最终得到其接近度矩阵如表 7.2 所示，根据公式的相关性质，得到矩阵中的所有元素都满足：$0 \leqslant s_{ij} = \varepsilon_{ij} \leqslant 1$。

表 7.2　　基于接近度指标的接近度矩阵

投入指标	…	X_i	…	X_j	…
X_i	…	ε_{ii}	…	$\varepsilon_{ij}(s_{ij})$	…
…	…	…	…	…	…
X_j	…	ε_{ji}	…	ε_{jj}	…

步骤 3：解相似度矩阵的最大特征根和其对应的特征向量。

矩阵 S 是非负对称矩阵，并且对角线上的元素都为 1。利用佩龙 - 弗罗宾尼斯定理，S 有最大的特征根 ρ_x 和它对应的非负特征向量 w_x。非负向量 w_x 对应与各个投入要素的权重。根据 P - F 定理，$m \geqslant \rho_x \geqslant 1$。

步骤 4：利用步骤 3 中的最大特征根和特征向量模型计算出 ε 与 w^- 的值。

如果 $m > 1$，那么 $\varepsilon = \frac{m - \rho_x}{m - 1}$，否则 $m = 1$，那么 $\varepsilon = 0$，$w^- = \frac{w_x}{\sum_{i=1}^{m} w_x}$。

步骤 5：利用获得的 ε 与 w^- 的值利用模型（7.5）来计算 EBM - GR - U。

综上，模型（7.5）在非期望产出弱可处置性下合理地结合了径向与非径向模型，基于灰关联的接近度指标获得了模型中径向与非径向结合的关键参数，并根据步骤对决策单元的经济效率进行测算。同样可以建立产出导向模型计算。

7.2.3　算例

为了能够明确表达关于矩阵的运算及应用过程，采用两个算例进行说明。

假设有 4 个决策单元 DMU_1，DMU_2，DMU_3 和 DMU_4，投入要素共 3 种，分别为 X_1，X_2，X_3，产出为 Y，具体的投入产出指标数

值如表7.3所示。

表7.3　　4个决策单元的投入产出数据

DMU	$x_1(X_1)$	$x_2(X_2)$	$x_3(X_3)$	Y
DMU_1	2	6	1	1
DMU_2	6	3	2	1
DMU_3	10	3	3	1
DMU_4	2	10	1	1

首先计算投入序列 X_i，$X_j(i, j=1, 2, 3; i \neq j)$ 之间的接近度，从而构造接近度矩阵获得两类重要参数。例如，计算第一种投入序列 $|s_1| = \left|\sum_{k=2}^{3} x_1(k) + 0.5 \times x_1(4)\right| = 12$，第二种投入序列 $|s_2| = \left|\sum_{k=2}^{3} x_2(k) + 0.5 \times x_2(4)\right| = 4$，则 $|s_2 - s_1| = \left|\sum_{k=2}^{3}(x_2^0(k) - x_1^0(k)) + 0.5 \times (x_2^0(4) - x_1^0(4))\right| = 16$。根据式(7.7)得到的前两种投入指标之间的接近度为 $s_{12} = \varepsilon_{12} = \frac{1 + |s_1| + |s_2|}{1 + |s_1| + |s_2| + |s_2 - s_1|} = \frac{17}{33} = 0.5152$，类似可计算所有投入指标间的接近度，根据模型（7.7）与模型（7.8）得到的接近度矩阵如表7.4及表7.5所示。表7.4及表7.5两者所表示的投入向量之间的接近程度是相似的，求解表7.4矩阵的特征根和特征向量，得到 $\rho = 2.1275$，$w = (0.5880, 0.5494, 0.5936)$，同时根据步骤4中 $\varepsilon = \frac{m-\rho}{m-1}$ 与 $w_i^- = \frac{w_i}{\sum_{i=1}^{m} w_i}$，得到模型（7.5）中所需的两种参数 ε

与 w^-，结果为 $\varepsilon = 0.4362$，$w_1^- = 0.3397$，$w_2^- = 0.3174$，$w_3^- = 0.3429$。将参数 ε 及 w^- 代入模型（7.5）中，求解该规划便可得到对应于表 7.4 的 4 个决策单元的效率分值，分别为 1，1，0.8909，0.9446。

表 7.4　　　　依据模型（7.7）构造的接近度矩阵

投入指标	X_1	X_2	X_3
X_1	1	0.5152	0.6400
X_2	0.5152	1	0.5333
X_3	0.6400	0.5333	1

表 7.5　　　　依据模型（7.8）构造的接近度矩阵

投入指标	X_1	X_2	X_3
X_1	1	0.5890	0.7
X_2	0.5890	1	0.5992
X_3	0.7000	0.5992	1

类似求解表 7.5，得到的特征根与特征向量为 $\rho = 2.2602$ 与 $w = (0.5869, 0.5547, 0.5898)$，从而得到参数 $\varepsilon = 0.3699$ 及 $w_1^- = 0.3391$，$w_2^- = 0.3205$，$w_3^- = 0.3407$。从表 7.4 与表 7.5 两接近度矩阵的特征根大小可以看出，后者能够在压缩后得到更多的信息，从而对决策单元能够进行更准确的区分。此时，将参数 ε 及 w^- 再次代入模型（7.5）中，求解该规划便可得到对应于表 7.5 的 4 个决策单元的效率分值，分别为 1，1，0.9078，0.9526。

7.3 案例研究

本案例采用Matlab2012版本计算，由于效率计算结果会受到软件的影响，因此，为了便于研究带有环境因素的EBM－GR－U模型的可行性及区分力，因此基于框架（7.5），编程对SBM与EBM－GR－U进行了计算比较。

7.3.1 DMU的选择和数据来源

中国设有23个省、5个自治区、4个直辖市和2个特别行政区在内的34个省级行政区域。由于缺乏西藏、台湾、香港和澳门的数据，而且重庆有部分数据被统计在四川省内，所以被评价的单元由29个省级区域构成。

本书指标设置如表7.6所示。基于决策单元的多投入与多产出，对每个省份，在社会维度上，可将代表一个省份的繁荣和稳定程度的劳动力数量和资本作为投入，能源消耗也是社会生产必不可少的要素；在生态维度上，将表征环境污染要素的CO_2、废水、工业废气、SO_2、工业固体废弃物作为非期望产出，将GDP作为期望产出。本书以2010年数据（劳动力、资本和GDP来源于2011年《中国统计年鉴》，能源投入的数据来源于《2011年中国能源统计年鉴》，其余排放量数据来自《2011年中国环境统计年鉴》）为例基于提出的模型进行实证分析。

表 7.6　　29 个省级区域的投入产出的描述性统计

变量	单位	均值	标准差
能源消耗	万吨标准煤当量	30942	22133
劳动力	万人	2545.9	1706.8
资本	亿元	13161	8258.5
GDP	亿元	8012.1	6287.2
二氧化碳	万吨	32360	20307
废水	万吨	803.04	713.05
工业废气	亿标立方米	17524	12324
二氧化硫	万吨	72.9	41.9
工业固体废弃物	万吨	8210	6679

资本投入用资本存量表示，利用永续盘存法估算各省份资本存量，计算公式为 $K_t = I_t + (1-\delta)K_{t-1}$，其中，$K_t$ 为 t 期的资本存量，I_t 为 t 期投资额，δ 为折旧率。资本存量 K 来源于张军等的研究结果，并利用其方法更新至 2010 年，折旧率 δ 采用张军等文中确定的折旧率[195]，投资额 I 用资本形成总额表示（数据来源：《中国统计年鉴》，表 2－22 各地区资本形成总额及构成）。

劳动力投入用当期从业人员数表示，计算公式为：当期从业人员总数＝(当期末从业人员数＋上期末从业人员数)/2（数据来源：《中国统计年鉴》，表 4－4 各地区按三次产业分就业人员数）。

能源投入用一次能源消费总量表示，将煤、石油、天然气均折算成标准煤（数据直接来自《中国能源统计年鉴》）。

从产出指标而言，GDP 指标为国内生产总值（数据来源：《中国统计年鉴》，表 2－14 地区生产总值和指数）。

二氧化碳排放量指标基于化石能源消费量测算，计算公式为：

二氧化碳排放量 = 含碳能源消费量 × 碳折算系数 × 二氧化碳气化系数。含碳能源主要为煤、石油和天然气，碳折算系数为0.67，二氧化碳气化系数为3.67。

7.3.2 模型结果及分析

在对模型的研究中有三个发现：

第一，基于绝对灰色关联度的相似度指标能够有效地测量投入项之间的相关程度，基于该相似度指标的综合效率模型能够改善对被评单元的区分力。如果两两投入越能成同比例变化，投入变化的行为趋势越相似，径向模型的假设就更合理。在这种情形下，$\varepsilon \to 0$，径向模型得到较大权重；若另外一种极端情形，即数据分布较分散，径向变化特征不明显，非径向特征就会增强，权重增大。直观地看，图7.2描述了29个省区市的劳动力（投入）与总资本（投入）的散点图。图7.3表示的是能源消耗（投入）与总资本（投入）的散点图。从这两个散点图中可看出，它们之间呈正相关关系，且具有较高的相似度值。图7.4表明了能源消耗与劳动力投入之间的散点图，这两种投入之间依然是正的相关关系，但是与前两者散点图相比较为分散。从三个散点图可以看出，所有两两投入之间均具有较强的正相关关系，同时结合表7.7中相似度矩阵的相似度指标值均大于0.5，这表明投入数据有较大的径向特征，但仍具有较少的非径向特征。在这种情况下，采用径向与非径向结合的模型能得到更为准确的评价结果。

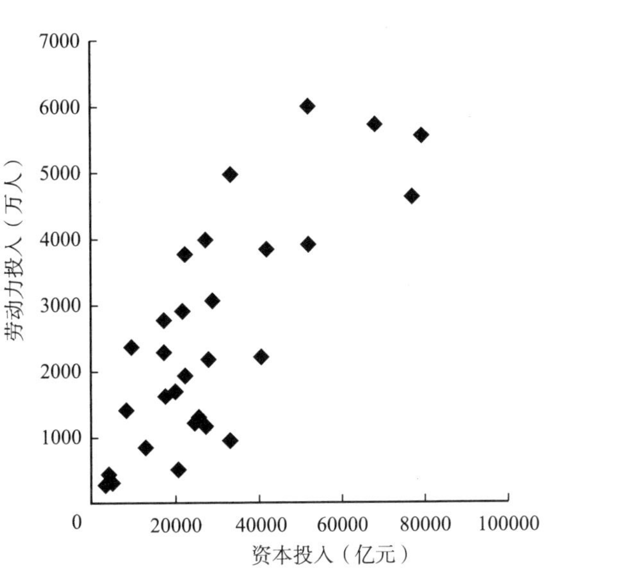

图 7.2　资本投入与劳动力投入的散点图

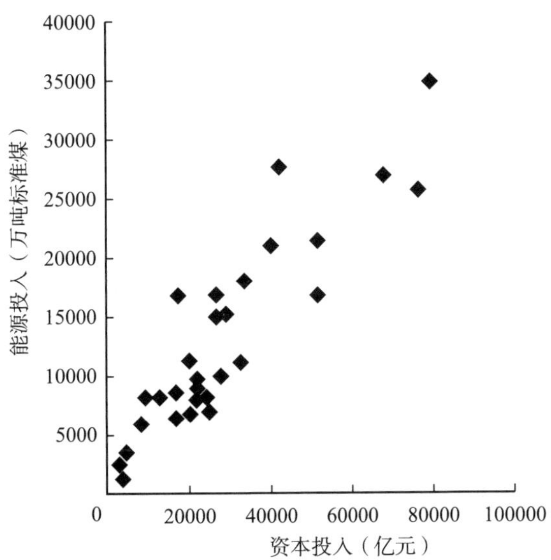

图 7.3　资本投入与能源投入的散点图

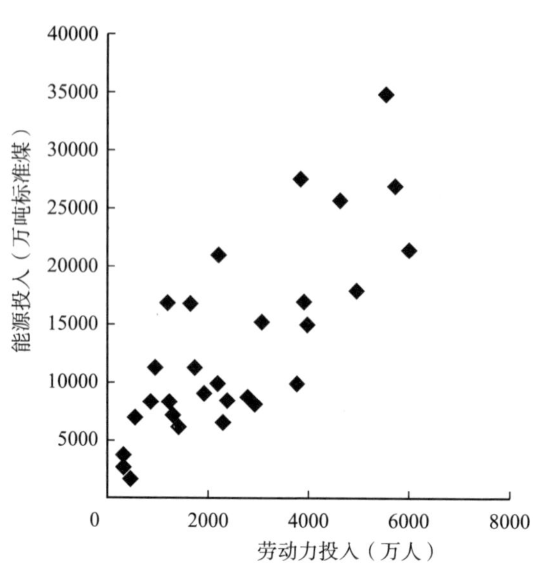

图 7.4　劳动力投入与能源投入的散点图

表 7.7 表示根据模型（7.7）获得的相似度矩阵，该相似矩阵的最大特征根和相应特征向量分别是 $\rho_x = 2.4066$ 与 $w_x = (0.6040, 0.5314, 0.5940)$，因此可得 $\varepsilon_x = (m - \rho_x)/(m - 1) = 0.2967$，$w_1^- = 0.3493$，$w_2^- = 0.3073$，$w_3^- = 0.3435$。$\varepsilon_x$ 表示了综合效率中非径向特征所占的权重，而这个非负的特征向量则对应非径向特征中相应于资本、劳动力和能源三种投入的权重，结果表明在提高生态经济效率中资金投入是最重要的因素。

表 7.7　基于经典灰色关联分析的相似度矩阵

投入指标	资本	劳动力	能源
资本	1	0.6451	0.8532
劳动力	0.6451	1	0.6025
能源	0.8532	0.6025	1

第二，基于新定义的灰色绝对关联度所构建的相似度指标能够在保持对被评单元区分力不变的条件下改进模型的准确性。表 7.8 所示为根据模型（7.8）获得的相似度矩阵。基于新定义的灰色绝对关联度指标所构造的相似度矩阵的最大特征根和相应特征向量为 $\rho_x=2.5327$ 与 $w_x=(0.5994,\ 0.5416,\ 0.5894)$。因此，$\varepsilon_x=(m-\rho_x)/(m-1)=0.2337$，$w_1^-=0.3464$，$w_2^-=0.3130$，$w_3^-=0.3406$。主成分特征根 ρ_x 会随着投入项之间的关联程度提高而不断增加直至增加到 m，较大的 ρ_x 表明相似度指标得到了更适合的压缩，基于新定义的相似度矩阵得到的特征根值大于基于经典的灰色关联度方法得到的特征根值，因此，新的模型对被评单元能够得到更正确的区分。

表 7.8　　基于新定义的灰色绝对关联度的相似度矩阵

投入指标	资本	劳动力	能源
资本	1	0.7204	0.8966
劳动力	0.7204	1	0.6758
能源	0.8966	0.6758	1

第三，即使在非期望产出的弱可处置性假设下，EBM－GR－U 模型比非径向的 SBM 模型或径向模型对被评单元有更高的区分力。径向模型的区分力是最差的，同时需要注意的是 EBM－GR－U 模型对径向的效率分数 θ 没有限制，因此，天津、贵州、青海的径向效率值 θ＞1，其他的省份 θ 效率均为 1。另外，从实证结果发现 EBM－GR－U 模型在提高区分力的同时使被评单元获得了高于 SBM 模型的效率分数。

表 7.9 表示了在不同数量的非期望产出条件及不同的灰色绝对

表 7.9　基于灰色绝对关联度的综合效率与 SBM 模型效率比较

No.	DMU	仅包含 CO_2			包含 CO_2 及其他 4 种非期望产出		
		SBM	EBM－GR－U 模型（7.7）	EBM－GR－U 模型（7.8）	SBM	EBM－GR－U 模型（7.7）	EBM－GR－U 模型（7.8）
1	北京	1	1	1	1	1	1
2	天津	1	0.9916	0.9975	1	1	1
3	河北	0.6547	0.9544	0.9642	0.8647	0.7133	0.9679
4	山西	1	1	1	1	1	1
5	内蒙古	1	1	1	1	1	1
6	辽宁	0.7427	0.9729	0.9786	0.9160	0.7473	0.9809
7	吉林	1	1	1	1	1	1
8	黑龙江	0.6971	0.9482	0.9594	0.8834	0.7244	0.9744
9	上海	1	1	1	1	1	1
10	江苏	0.7605	0.9412	0.9530	1	1	1
11	浙江	0.8216	0.9432	0.9545	1	1	1
12	安徽	0.6297	0.9123	0.9301	0.7593	0.7688	0.9455
13	福建	0.6887	0.9298	0.9441	1	0.9968	0.9965
14	江西	0.6678	0.9180	0.9345	0.8607	0.8915	0.9692

续表

No.	DMU	仅包含 CO_2			包含 CO_2 及其他4种非期望产出		
		SBM	EBM－GR－U模型（7.7）	EBM－GR－U模型（7.8）	SBM	EBM－GR－U模型（7.7）	EBM－GR－U模型（7.8）
15	山东	0.6892	0.9452	0.9569	0.8362	0.7506	0.9637
16	河南	0.5626	0.9045	0.9244	0.7257	0.6157	0.9367
17	湖北	0.6601	0.9220	0.9439	0.8010	0.6909	0.9536
18	湖南	0.6351	0.9162	0.9336	0.7533	0.6956	0.9433
19	广东	1	1	1	1	1	1
20	广西	0.5303	0.8943	0.9162	1	1	1
21	海南	0.6513	0.9154	0.9325	0.7071	0.7346	0.9339
22	四川	0.5653	0.9048	0.9247	0.6904	0.6172	0.9285
23	贵州	0.5287	0.9292	0.9434	1	1	1
24	云南	0.5109	0.8962	0.9178	0.6578	0.5769	0.9214
25	陕西	0.5464	0.9120	0.9306	0.7245	0.6084	0.9373
26	甘肃	0.5650	0.9253	0.9407	0.9665	0.8869	0.9926
27	青海	1	0.9621	0.9702	1	1	0.9761
28	宁夏	1	0.9948	0.9959	1	1	1
29	新疆	0.8052	0.9755	0.9808	1	1	1

注：缺重庆、西藏、台湾、香港和澳门的数据。

关联度模型下的综合效率分数。在非期望产出仅包含 CO_2 的条件下，SBM模型的区分力高于径向模型，但是依然有1/3的被评单元位于前沿面上而无法区分；基于经典的灰色绝对关联度的EBM－GR－U模型（7.7）与基于新定义的灰色绝对关联度的EBM－GR－U模型（7.8）有相同的区分力，都是有6个单元在前沿面上，对单元的区分力比SBM－U模型有了显著的提高，这表明了基于灰色关联分析所得到的相似度指标在效率评价中的有效性。由于增加评价指标的数量会降低对单元的区分力，因此，考虑5种非期望产出时，本节将其中的4个非期望产出指标整合为一个指标，以便尽量减少由于增加指标而带来的区分力的下降。表7.9同时表示了在这种条件下的综合效率。

7.4 本章小结

本章提出基于灰色关联度构造投入指标间的相似度指标，从而将DEA模型中的径向特征与非径向特征统一在一个框架下进行研究，并且基于非期望产出的弱可处置性来考虑环境因素并纳入到了该框架下。书中基于灰色关联分析定义了相似度指标，能够有效地测量投入项之间的相关程度，基于该相似度指标的综合效率模型能够改善对被评单元的区分力；并基于此提出了新的灰色绝对关联度，也将其作为相似度指标，该指标能够在保持对被评单元区分力不变的条件下改进模型的准确性；非期望产出的弱可处置性假设能够有效地融合于该框架下进行评价。总之，基于新定义灰色绝对关联度的相似度指标能够有效地整合径向模型与非径向模型的特征，并且在非期望产出弱可处置性条件下能够有效地计算被评单元的效率分数，并基于算例进行了验证。

本章是基于投入导向的效率评价，旨在对投入的减少。同理，如果目标是追求产出的增加或投入与产出的同时变化，则可类似建立产出导向或者双导向模型。另外，考虑在某些决策问题中需要对决策单元进行完全排序，因此可考虑建立更适合的接近度模型或者加入二次排序。

第八章

结论与展望

DEA 效率评价作为理论研究的热点课题，在现代经济、政治和管理中起着重要的作用，本章首先总结了全书的研究工作，然后指出了研究存在的不足之处及对未来的展望。

8.1 总　结

数据包络分析作为一种有效地度量决策单元多投入多产出相对效率的方法，其理论与应用都得到了广泛的研究。其中，交叉效率作为 DEA 研究的重要分支，能够有效地避免 DEA 评价中以自评为主而忽略互评的氛围，从而使其评价结果更客观。同时，由于现实世界中数据的不确定性及交叉效率模型中模型的差异造成的权重的不唯一性及由此导致的效率分值的不确定性，造成了评价结果差异大，从而难以得到决策单元的广泛接受。本书正是着眼于以上两个问题，在 DEA 方法的理论框架下，探讨了决策单元的分类及排序问题。

本书的主要工作如下：

（1）为了考虑决策单元之间的竞合关系及评价结果的广泛接受性，在介绍 DEA 效率权重确定及效率分值计算的基础上，定义了决策单元竞争与合作关系及决策单元奇异性，将博弈及自互评差距的思想引入交叉效率的自互评体系中，提出了新的权重确定方法。在互评阶段根据互信息衡量决策单元间的投入产出相似程度，从而将决策单元分类，并根据互信息程度的不同采取合作或竞争策略。这是由于在 DEA 中，投入产出数据相似的单元具有相似的权重策略，根据博弈论的观点，在互评阶段必然会表现出不同的偏好，对不同对手会采取不同的评价策略，而传统的交叉效率测评方法并不能体现出这一点。最后以中国 16 家银行 2007～2014 年的绩效评价为例进行了效率的计算与比较。

（2）在效率集结阶段，考虑单值下的基于粗糙集的 DEA 交叉效率的集结问题，提出了权重信息未知情况下的 DEA 交叉效率的决策方法。现有的交叉效率集结经常会受到主观因素的影响而在一定程度上忽略了数据本身的特点，得到的排序结果差异大，评价结果不易接受。而粗糙集是从数据本身特征出发，是在选择关键属性及排除冗余信息的基础上对决策单元进行的排序，能最大限度地减少人为因素的干扰，避免了效率评价中的主观性，得到的结果更容易被决策单元接受。最后，对于同一位置上不可区分的单元，提出了基于熵权的序数型有向距离指数的二级排序方法，利用该指数对不可区分单元进行再次排序，从而确定最终的排序结果。最后以中国 16 家银行做了实例分析。

同时基于该方法提出了综合交叉效率模型，由于 DEA 最优权重的不唯一性，而在最优前沿与最劣前沿两个包络面下的CCR自评与交叉效率互评的6个经典模型从各种角度表示了被评价单元的效率分值，因此基于该方法研究了多模型下效率及排序的差异，利用粗糙集及序数型有向距离指数给出了所有单元合理的全序化结果。

（3）由于单值交叉效率给出的信息不够充分，因此，研究了在交叉效率最优值与最劣值构造的区间数据下的DEA交叉效率的集结、分类及排序问题。在介绍区间交叉效率、VIKOR法的基础上，给出了区间交叉效率矩阵的定义。在复杂系统的多属性优化问题中，由于每个单元都是从自身有利评价的基础上进行互评的，考虑到决策单元因此可能存在的冲突及相互之间的妥协，往往需要在相互协商的基础上对各方案进行分类与排序。由于VIKOR法选择的方案考虑了与正负理想解的实际接近程度，更适用于决策者倾向于获取最大化利润的决策。最后基于该模型计算了中国16家银行的效率，对模型的有效性进行了验证。

（4）研究了三元区间效率分值及三元有向距离指数的排序问题。由于区间数只考虑了交叉效率评价中的最优值、最劣值，但丢失了在决策单元在中立情况下的效率值。因此，结合前面的研究，进一步将区间数扩展，形成最小值、最大值与最可能值构造的三元交叉效率区间，并提出了三元有向距离指数，证明了该距离指数的相关性质，基于优势度及三元区间有向距离指数研究了三元DEA交叉效率区间数据下的集结及排序问题。最后结合中国16家银行的实例基于三元效率区间进行了评价，并与之前的效率计算与排序模型结果进行了比较与分析。

（5）提出了考虑环境弱处置性的基于灰色关联度的径向与非径向综合效率模型。由于传统的径向或非径向 DEA 模型在追求投入或产出最大化改进时角度不同，交叉效率是基于径向角度来分析的，径向模型由于往往只考虑投入与产出的径向收缩，忽略了非径向的松弛，因此往往会高估单元的效率分值，降低对单元的区分力，并且模型中的污染物往往采用强可处置假设，造成评价偏离实际生产过程、区分力差等问题。结合这两种模型的优点，基于环境 DEA 技术提出了一个径向与非径向特征结合的综合效率模型研究框架；同时，基于投入变量序列的灰关联及新定义的关联度构造了接近度指标，从而获得框架中连接与测量径向与非径向模型的特征参数，然后将其置于框架中得到最终评价结果。最后以 2010 年中国 29 个省级区域能源环境综合效率评价为算例，验证了模型的有效性。

8.2 研究展望

本书针对不确定条件下 DEA 排序方法进行了较为系统的研究，但仍然存在相关问题需要进一步讨论和分析，未来的工作主要包括以下几个方面：

（1）对评价属性之间相互作用的度量。本书的方法虽然考虑了决策单元之间的竞争合作关系，但并未考虑其之间的交互作用。模糊测度是一种常见的考虑属性间交互作用的方法，综合所有评价者的结果及相互存在的影响或决策者之间的相互妥协等，后续工作中通过研究模糊测度的种类及特点来测度属性间的交互作用从而能够更加合理地对决策单元进行评价。

（2）基于粗糙集排序约简进行分级定义解决DEA中的逆序问题。本书针对交叉效率评价方法中，交叉效率计算及最终交叉效率集结中存在各种主观假设及由此造成的不稳定性问题，结合粗糙集理论，采用优势度及有向距离指数模型进行二级排序。但是，针对各种DEA排序中存在的逆序等问题，都可考虑在粗糙集中通过按照保序程度的强弱对排序约简进行分级定义提高灵活性，从而使DEA排序得到更加合理的结果。同时可考虑在不同偏好下构建DEA综合效率模型及综合排序方法。

（3）建立其他导向及新的灰关联模型来度量径向与非径向模型特征。由于灰色绝对关联度的局限性，未来的研究主要可考虑建立更适合的接近度模型，通过灵敏性等其他方法保证灰色关联度模型能够提高对决策单元的区分力，同时保证排序的稳定性。

参考文献

[1] Charnes A., Cooper W. W., Rhodes E. Measuring the efficiency of decision making units [J]. European Journal of Operational Research, 1978, 2 (6): 429-444.

[2] Sexton T. R., Silkman R. H., Hogan A. J. Data envelopment analysis: Critique and extensions [J]. New Directions for Program Evaluation, 1986, 32: 73-105.

[3] Doyle J., Green R. Efficiency and cross-efficiency in DEA: derivations, meaning and users [J]. Journal of the Operational Research Society, 1994, 45 (5): 567-578.

[4] Oral M., Kettani O., Lang P. A methodology for collective evaluation and selection of industrial R&D projects [J]. Management Science, 1991 (37): 871-885.

[5] Shang J., Sueyoshi T. A unified framework for the selection of flexible manufacturing system [J]. European Journal of Operational Research, 1995 (85): 297-315.

[6] Baker R. C., Talluri S. A closer look at the use of data envelopment analysis for technology selection [J]. Computers & Industrial

Engineering, 1997, 32 (1): 101 - 108.

[7] Wu J., Liang L., Zha Y. Preference voting and ranking using DEA game cross efficiency model [J]. Journal of the Operations Research Society of Japan, 2009, 2 (2): 105 - 111.

[8] Talluri S., Sarkis J. Extensions in efficiency measurement of alternate machine component grouping solutions via data envelopment analysis [J]. IEEE Transactions on Engineering Management, 1997, 44 (3): 299 - 304.

[9] Chen T. Y. An assessment of technical efficiency and cross-efficiency in Taiwan's electricity distribution sector [J]. European Journal of Operational Research, 2002, 137 (2): 421 - 433.

[10] Ertay T., Da R. Data envelopment analysis based decision model for optimal operator allocation in CMS [J]. European Journal of Operational Research, 2005, 164 (3): 800 - 810.

[11] Wu J, Liang L, Wu D, et al. Olympics ranking and benchmarking based on cross efficiency evaluation method and cluster analysis: the case of Sydney 2000 [J]. International Journal of Enterprise Network Management, 2008, 2 (2): 377 - 392.

[12] Wu J., Liang L., Yang F. Achievement and benchmarking of countries at the Summer Olympics using cross efficiency evaluation method [J]. European Journal of Operational Research, 2009, 197 (2): 722 - 730.

[13] Yu M. M., Ting S. C., Chen M. C.. Evaluating the cross-efficiency of information sharing in supply chains [J]. Expert Systems

with Applications, 2010, 37 (4): 2891 - 2897.

[14] Timothy J. Coelli 等著. 效率和生产率分析导论（第2版）[M]. 北京：清华大学出版社，2009.

[15] Banker R. D., Charnes A., Cooper W. W. Some models for estimating technical and scale inefficiencies in data envelopement analysis [J]. Management Science, 1984, 30 (9): 1078 - 1092.

[16] 盛昭翰，朱乔，吴广谋. DEA 理论、方法与应用 [M]. 北京：科学出版社，1996.

[17] 魏权龄. 数据包络分析 [M]. 北京：科学出版社，2004.

[18] Farrell M. J. The measurement of productive efficiency [J]. Journal of the Royal Statistic Society, 1957, 120: 253 - 281.

[19] Debreu G. The coefficient of resource utilization [J]. Econometrica, 1951, 19: 273 - 292.

[20] Koopmans T. C. Analysis of production as an efficient combination of activities [J]. Analysis of Production and Allocation, 1951, 158 (1): 33 - 97.

[21] Färe R., Grosskopf S. Measuring output efficiency [J]. European Journal of Operational Research, 1983, 13 (2): 173 - 179.

[22] Färe R., Grosskopf S. A nonparametric cost approach to scale efficiency [J]. Scandinavian Journal of Economics, 1985, 87 (4): 594 - 604.

[23] Färe R., Grosskopf S., Lovell C. A. K. Production Frontiers [M]. Cambridge: Cambridge University Press, 1994.

[24] Adler N., Friedman L., Sinuany – Stern Z. Review of ranking methods in the data envelopment analysis context [J]. European Journal of Operational Research, 2002, 140 (2): 249 – 265.

[25] Andersen P., Petersen N. C. A procedure for ranking efficient units in data envelopment analysis [J]. Management Science, 1993, 39 (10): 1261 – 1264.

[26] Sueyoshi T. DEA non-parametric ranking test and index measurement: slack-adjusted DEA and an application to Japanese agriculture cooperatives [J]. Omega, 1999, 27 (3): 315 – 326.

[27] Seiford L. M., Zhu J. Infeasibility of super-efficiency data envelopment analysis models [J]. INFOR: Information Systems & Operational Research, 1999, 37 (2): 174 – 187.

[28] Charnes A., Clark C. T, Cooper W. W., et al. A developmental study of data envelopment analysis in measuring the efficiency of maintenance units in the U. S. air forces [J]. Annals of Operations Research, 1984, 2 (1): 95 – 112.

[29] Torgersen A. M., Førsund F. R., Kittelsen S. A. C. Slack-adjusted efficiency measures and ranking of efficient units [J]. Journal of Productivity Analysis, 1996, 7 (4): 379 – 398.

[30] Sinuany Stern Z., Mehrez A., Barboy A. Academic departments efficiency via DEA [J]. Computers & Operations Research, 1994, 21 (5): 543 – 556.

[31] Friedman L., Sinuany – Stern Z. Scaling units via the canonical correlation analysis in the DEA context [J]. European Journal of

Operational Research, 1997, 100 (3): 629 - 637.

[32] Bardhan I., Bowlin W. F., Cooper W. W, et al. Models and measures for efficiency dominance in DEA Part I: Additive Models and MED Measures [J]. Journal of the Operations Research Society of Japan, 1996, 39 (3): 322 - 332.

[33] Cook W. D., Kress M. A data envelopment model for aggregating preference rankings [J]. Management Science, 1990, 36 (11): 1302 - 1310.

[34] J. R. Doyle, R. H. Green. Cross-evaluation in DEA: Improving discrimination among DMU's [J]. INFOR: Information Systems & Operational Research, 1995, 33 (3): 205 - 222.

[35] Liang L., Wu J., Cook W. D., et al. The DEA Game Cross-efficiency Model and its Nash Equilibrium [J]. Operations Research, 2008, 56 (5): 1278 - 1288.

[36] Jahanshahloo G. R., Afzalinejad M. A ranking method based on a full-inefficient frontier [J]. Applied Mathematical Modelling, 2006, 30 (3): 248 - 260.

[37] Mehrabian S., Alirezaee M. R., Jahanshahloo G R. A complete efficiency ranking of decision making units in data envelopment analysis [J]. Computational Optimization and Applications, 1999, 14 (2): 261 - 266.

[38] Despotis D. K. Improving the discriminating power of DEA: Focus on globally efficient units [J]. Journal of the Operational Research Society, 2002, 53 (3): 314 - 325.

[39] Doyle J., Green R. Efficiency and cross-efficiency in DEA: derivations, meaning and users [J]. Journal of the Operational Research Society, 1994, 45 (5): 567-578.

[40] Anderson T. R., Hollingsworth K., Inman L. The fixed weighting nature of a cross-evaluation model [J]. Journal of Productivity Analysis, 2002, 17 (3): 249-255.

[41] Sun S., Lu W. M.. A cross-efficiency profiling for increasing discrimination in data envelopment analysis [J]. INFOR: Information Systems & Operational Research, 2005, 43 (1): 51-60.

[42] Bao C. P., Chen T. H., Chang S. Y. Slack-based ranking method: an interpretation to the cross-efficiency method in DEA [J]. Journal of the Operational Research Society, 2008, 59 (6): 860-862.

[43] Wu D. D. Performance evaluation: An integrated method using data envelopment analysis and fuzzy preference relations [J]. European Journal of Operational Research, 2009, 194 (1): 227-235.

[44] Liang L., Wu J., Cook W. D., et al. Alternative secondary goals in DEA cross-efficiency evaluation [J]. International Journal of Production Economics, 2008, 113 (2): 1025-1030.

[45] Liang L., Wu J., Cook W. D., et al. The DEA game cross-efficiency model and its nash equilibrium [J]. Operations Research, 2008, 56 (5): 1278-1288.

[46] Wu J., Liang L., Chen Y. DEA game cross-efficiency approach to Olympic rankings [J]. Omega, 2009, 37 (4): 909-918.

[47] Wu J., Liang L., Yang F., et al. Bargaining game model

in the evaluation of decision making units [J]. Expert Systems with Applications, 2009, 36 (3): 4357 -4362.

[48] Wu J., Liang L., Zha Y., et al. Determination of cross-efficiency under the principle of rank priority in cross-evaluation [J]. Expert Systems with Applications, 2009, 36 (3): 4826 -4829.

[49] Wang Y. M., Chin K. S. Some alternative models for DEA cross-efficiency evaluation [J]. International Journal of Production Economics, 2010, 128 (1): 332 -338.

[50] Lim S. Minimax and maximin formulations of cross-efficiency in DEA [J]. Computers & Industrial Engineering, 2012, 62 (3): 726 -731.

[51] Wang Y. M., Chin K. S., Luo Y. Cross-efficiency evaluation based on ideal and anti-ideal decision making units [J]. Expert Systems with Applications, 2011, 38 (8): 10312 -10319.

[52] Wang Y. M., Chin K. S. A neutral DEA model for cross-efficiency evaluation and its extension [J]. Expert Systems with Applications, 2010, 37 (5): 3666 -3675.

[53] Ramón N., Ruiz J. L., Sirvent I. A multiplier bound approach to assess relative efficiency in DEA without slacks [J]. European Journal of Operational Research, 2010, 203 (1): 261 -269.

[54] Nuria Ramón, José L. Ruiz, Inmaculada Sirvent. Reducing differences between profiles of weights: A "peer-restricted" cross-efficiency evaluation [J]. Omega, 2011, 39 (6): 634 -641.

[55] Wang Y. M., Chin K. S., Wang S. DEA models for minimi-

zing weight disparity in cross-efficiency evaluation [J]. Journal of the Operational Research Society, 2012, 63 (8): 1079-1088.

[56] Wang Y. M., Chin K. S., Jiang P. Weight determination in the cross-efficiency evaluation [J]. Computers & Industrial Engineering, 2011, 61 (3): 497-502.

[57] Örkcü H. H., Bal H. Goal programming approaches for data envelopment analysis cross-efficiency evaluation [J]. Applied Mathematics and Computation, 2011, 218 (2): 346-356.

[58] Alcaraz J., Ramón N., Ruiz J. L., et al. Ranking ranges in cross-efficiency evaluations [J]. European Journal of Operational Research, 2013, 226 (226): 516-521.

[59] Doyle J. R., Green R. Efficiency and cross-efficiency in data envelopment analysis: derivatives, meanings and uses [J]. Journal of the Operational Research Society, 1994, 45 (5): 567-578.

[60] Li X. B., Reeves G. R. A multiple criteria approach to data envelopment analysis [J]. European Journal of Operational Research, 1999, 115 (3): 507-517.

[61] Bal H., Örkcü H. H., Çelebioğlu S. A new method based on the dispersion of weights in data envelopment analysis [J]. Computers & Industrial Engineering, 2008, 54 (3): 502-512.

[62] Bal H., Örkcü H. H., Çelebioğlu S. Improving the discrimination power and weights dispersion in the data envelopment analysis [J]. Computers & Operations Research, 2010, 37 (1): 99-107.

[63] Wu J., Liang L., Yang F. Determination of the weights for the

ultimate cross-efficiency using Shapley value in cooperative game [J]. Expert Systems with Applications, 2009b, 36 (1): 872 -876.

[64] Angiz M. Z., Mustafa A., Kamali M. J. Cross-ranking of decision making units in data envelopment analysis [J]. Applied Mathematical Modeling, 2013, 37 (1 -2): 398 -405.

[65] Yang F., Sheng A., Xia Q., et al. Ranking DMUs by using interval DEA cross-efficiency matrix with acceptability analysis [J]. European Journal of Operational Research, 2012, 223 (2): 483 -488.

[66] Wang Y. M., Chin K. S. The use of OWA operator weights for cross-efficiency aggregation [J]. Omega, 2011, 39 (5): 493 -503.

[67] Ramón N., Ruiz J. L., Sirvent I. Common sets of weights as summaries of DEA profiles of weights: With an application to the ranking of professional tennis players [J]. Expert Systems with Applications, 2012, 39 (5): 4882 -4889.

[68] Wu J., Sun J. S., Liang L., et al. Determination of weights for ultimate cross efficiency using Shannon entropy [J]. Expert Systems with Applications, 2011, 38 (5): 5162 -5165.

[69] 孙加森. 数据包络分析 (DEA) 的交叉效率理论方法与应用研究 [D]. 中国科学技术大学, 2014: 5 -40.

[70] Yang G. L., Yang J. B., Liu W. B., et al. Cross-efficiency aggregation in DEA models using the evidential-reasoning approach [J]. European Journal of Operational Research, 2013, 231 (2): 393 -404.

[71] Wang Y. M., Wang S. Approaches to determining the relative importance weights for cross-efficiency aggregation in data envelop-

ment analysis [J]. Journal of the Operational Research Society, 2013, 64 (1): 60-69.

[72] 李春好，苏航. 基于交叉评价策略的DEA全局协调相对效率排序模型 [J]. 中国管理科学, 2013, 21 (3): 137-145.

[73] Parkan C., Wang Y. M. The worst possible relative efficiency analysis based on inefficient production frontier [R]. Working Paper, Department of Management Sciences, City University of HongKong, 2000.

[74] Doyle J. R., Green R. H., Cook W. D.. Upper and lower bound evaluation of multi-attribute objects: Comparison models using linear programming [J]. Organizational Behavior and Human Decision Processes, 1995, 64 (3): 261-273.

[75] Entani T., Maeda Y., Tanaka H. Dual models of interval DEA and its extension to interval data [J]. European Journal of Operational Research, 2002, 136 (1): 32-45.

[76] Azizi H., Wang Y. M. Improved DEA models for measuring interval efficiencies of decision-making units [J]. Measurement, 2013, 46 (3): 1325-1332.

[77] Azizi H. A note on data envelopment analysis with missing values: an interval DEA approach [J]. The International Journal of Advanced Manufacturing Technology, 2013, 66 (9-12): 1817-1823.

[78] Azizi H., Jahed R. Improved data envelopment analysis models for evaluating interval efficiencies of decision-making units [J]. Computers & Industrial Engineering, 2011, 61 (3): 897-901.

[79] Azizi H., Ajirlu H. G. Measurement of the worst practice of decision-making units in the presence of non-discretionary factors and imprecise data [J]. Applied Mathematical Modeling, 2011, 35 (9): 4149 - 4156.

[80] Wang Y. M., Lan Y. X. Estimating most productive scale size with double frontiers data envelopment analysis [J]. Economic Modelling, 2013, 33: 182 - 186.

[81] Wang Y. M., Greatbanks R., Yang J. B. Interval efficiency assessment using data envelopment analysis [J]. Fuzzy Sets and Systems, 2005, 153 (3): 347 - 370.

[82] Wang Y. M., Luo Y., Liang L. Fuzzy data envelopment analysis based upon fuzzy arithmetic with an application to performance assessment of manufacturing enterprises [J]. Expert Systems with Applications, 2009, 36 (3): 5205 - 5211.

[83] Wang Y. M., Yang J. B. Measuring the performances of decision-making units using interval efficiencies [J]. Journal of Computational and Applied Mathematics, 2007, 198 (1): 253 - 267.

[84] Wang Y. M., Chin K. S., Yang J. B. Measuring the performances of decision-making units using geometric average efficiency [J]. Journal of the Operational Research Society, 2006, 58 (7): 929 - 937.

[85] Liang L., Wu J. An Improving Completely Ranking Approach for interval DEA [J]. Systems Engineering, 2006, 24 (1): 107 - 110.

[86] Wu J., Sun J., Song M., Liang L. A ranking method for

DMUs with interval data based on dea cross-efficiency evaluation and topsis [J]. Journal of Systems Science and Systems Engineering, 2013, 22 (2): 191 -201.

[87] C. L. Hwang, K. Yoon. Multiple attribute decision making: Methods and applications: A State of the Art Survey [M]. New York: Springer - Verlag, 1981.

[88] 徐泽水. 拓展的C - OWA算子及其在不确定多属性决策中的应用 [J]. 系统工程理论与实践, 2005, 25 (11): 7 - 13.

[89] Shih H. S., Shyur H. J., Lee E. S. An extension of TOPSIS for group decision making [J]. Mathematical & Computer Modelling, 2007, 45 (7 -8): 801 -813.

[90] 龚本刚, 华中生, 檀大水. 一种语言评价信息不完全的多属性群决策方法 [J]. 中国管理科学, 2007, 15 (1): 88 -93.

[91] Inuiguchi M., Miyajima T. Rough set based rule induction from two decision tables [J]. European Journal of Operational Research, 2007, 181 (3): 1540 -1553.

[92] Pawlak Z. Rough sets: Theoretical aspects of reasoning about data [M]. London: Kluwer Academic Publishers, 1991: 2 -7.

[93] Pawlak Z. Rough sets [J]. Communication of the ACM, 1995, 38 (1): 89 -95.

[94] Greco S., Matarazzo B., Slowinski R. Rough approximation of a preference relation by dominance relations [J]. European Journal of Operational Research, 1999, 117 (1): 63 -83.

[95] Shannon C. E. The mathematical theory of communication [J].

The Bell System Technical Journal, 1948, 27: 373 -423, 623 -659.

[96] J. Y. Liang, K. S. Chin, C. Y. Dang, et al. A new method for measuring uncertainty and fuzziness in rough set theory [J]. International Journal of General Systems, 2002, 31 (4): 331 -342.

[97] Opricovic S. Multicriteria optimization of civil engineering systems [M]. Belgrade: Faculty of Civil Engineering, 1998.

[98] Opricovic S. , Tzeng G. H. Extended VIKOR method in comparison with outranking methods [J]. European Journal of Operational Research, 2007, 178 (2): 514 -529.

[99] R. G. Rajan, L. Zingales. Which capitalism? Lessons form the east Asian crisis [J]. Journal of Applied Corporate Finance, 1998, 11 (3): 40 -48.

[100] Wang K. , Huang W. , Wu J. , & Liu Y. N. . Efficiency measures of the Chinese commercial banking system using an additive two-stage DEA [J]. Omega, 2014, 44 (2): 5 -20.

[101] Yao S. , Han Z. , & Feng G. Ownership reform, foreign competition and efficiency of Chinese commercial banks: a non-parametric approach [H]. World Economy, 2008, 31 (10): 1310 -1326.

[102] Wang J. , Jin H. , Liang H. C. Analysis on efficiency of china commercial banks: based on SE - DEA and malmquist index [J]. Technoeconomics & Management Research, 2011.

[103] Zhenxi Li. The assessment analysis of efficiency of commercial banks based on DEA model [J]. International Management Review, 2006.

[104] Fu X. Q., Heffernan S. Cost X – efficiency in China's banking sector [J]. China Economic Review, 2007, 18 (1): 35 – 53.

[105] Fu X. Q., Heffernan S. The effects of reform on China's bank structure and performance [J]. Journal of Banking & Finance, 2009, 33 (1): 39 – 52.

[106] Laurenceson J., Zhao Y. Efficiency amongst China's banks: a DEA analysis five years after WTO entry [J]. China Economic Review, 2008, 1 (3): 275 – 285.

[107] Ariff M., Can L. Cost and profit efficiency of Chinese banks: A non-parametric analysis [J]. China Economic Review, 2008, 19 (2): 260 – 273.

[108] Jiang C., Yao S., Zhang Z. The effects of governance changes on bank efficiency in China: A stochastic distance function approach [J]. China Economic Review, 2009, 20 (4): 717 – 731.

[109] Berger A. N., Hasan I., Zhou M. Bank ownership and efficiency in China: what will happen in the world's largest nation? [J]. Journal of Banking and Finance, 2009, 33: 113 – 130.

[110] Lin X., Zhang Y. Bank ownership reform and bank performance in China [J]. Journal of Banking & Finance, 2009, 33 (1): 20 – 29.

[111] Barros C. P., Chen Z., Liang Q. B., et al. Technical efficiency in the Chinese banking sector [J]. Economic Modelling, 2011, 28 (5): 2083 – 2089.

[112] Asmild M., Matthews K. Multi-directional efficiency analy-

sis of efficiency patterns in Chinese banks 1997 - 2008 [J]. European Journal of Operational Research, 2012, 219 (2): 434 - 441.

[113] Zha Y., Liang N., Wu M., et al. Efficiency evaluation of Banks in China: A dynamic two-stage slacks-based measure approach [J]. Omega, 2016, 60 (4): 60 - 72.

[114] Yuan C., Liu S., Xie N. The impact on chinese economic growth and energy consumption of the Global Financial Crisis: An input-output analysis [J]. Energy, 2010, 35 (4): 1805 - 1812.

[115] Leony L., Romeu R. A model of bank lending in the global financial crisis and the case of Korea [J]. Journal of Asian Economics, 2011, 22 (4): 322 - 334.

[116] Schooner H. M., Taylor M. W. Chapter 16 - Regulation After the Global Financial Crisis [J]. Global Bank Regulation, 2010: 279 - 295.

[117] Berger A. N., Hasan I., Zhou M. Bank ownership and efficiency in China: What will happen in the world's largest nation? [J]. Journal of Banking & Finance, 2009, 33 (1): 113 - 130.

[118] Galagedera D. U. A. A new perspective of equity market performance [J]. Journal of International Financial Markets Institutions & Money, 2013, 26: 333 - 357.

[119] Hinterberger F, Schneider F. Eco-efficiency of Regions: Toward reducing total material input [C]. Lund: 7th European Roundtable on Cleaner Production, 2001.

[120] Färe R., Grosskopf S., Pasurka C. A. Environmental pro-

duction functions and environmental directional distance functions [J]. Energy, 2007, 32 (7): 1055 – 1066.

[121] Scheel H. Undesirable outputs in efficiency valuations [J]. European Journal of Operational Research, 2001, 132 (2): 400 – 410.

[122] Seiford L. M., Zhu J. Modeling undesirable factors in efficiency evaluation [J]. European Journal of Operational Research, 2002, 142 (1): 16 – 20.

[123] Guo D., Wu J. A complete ranking of DMUs with undesirable outputs using restrictions in DEA models [J]. Mathematical and Computer Modelling, 2013, 58 (5): 1102 – 1109.

[124] Yin K., Wang R., An Q., et al. Using eco-efficiency as an indicator for sustainable urban development: A case study of Chinese provincial capital cities [J]. Ecological Indicators, 2014, 36 (1): 665 – 671.

[125] 李永立，吴冲. 考虑非期望产出弱可处置性的随机 DEA 模型 [J]. 管理科学学报，2014，17 (9): 17 – 28.

[126] Tyteca D. Linear programming models for the measurement of environmental performance of firms-concepts and empirical results [J]. Journal of Productivity Analysis, 1997, 8: 183 – 197.

[127] Zhou P., Ang B. W., Poh K. L. A survey of data envelopment analysis in energy and environmental studies [J]. European Journal of Operational Research, 2008, 189 (1): 1 – 18.

[128] Wu D. D. Performance evaluation: An integrated method

using data envelopment analysis and fuzzy preference relations [J]. European Journal of Operational Research, 2009, 194 (1): 227 -235.

[129] Liang L., Wu J., Cook W. D., et al. Alternative secondary goals in DEA cross-efficiency evaluation [J]. International Journal of Production Economics, 2008, 113 (2): 1025 -1030.

[130] Pawlak Z. Rough Sets: Theoretical Aspects of Reasoning about Data [M]. Dordrecht: Kluwer Academic Publishers, 1992.

[131] Huang J. J., Cai Y. Z., Xu X. M. A parameterless feature ranking algorithm based on MI [J]. Neurocomputing, 2008, 71 (7 - 9): 1656 -1668.

[132] Wang H. Nearest neighbors by neighborhood counting [J]. IEEE Transactions on Pattern Analysis & Machine Intelligence, 2006, 28 (6): 942 -953.

[133] Hu Q., Zhang L., Zhang D., et al. Measuring relevance between discrete and continuous features based on neighborhood mutual information [J]. Expert Systems with Applications, 2011, 38 (9): 10737 -10750.

[134] 杨锋，夏琼，梁樑. 同时考虑决策单元竞争与合作关系的DEA交叉效率评价方法 [J]. 系统工程理论与实践，2011，31 (1): 92 -98.

[135] Wang Y. M., Yang J. B. Measuring the performances of decision-making units using interval efficiencies [J]. Journal of Computational & Applied Mathematics, 2007, 198 (1): 253 -267.

[136] Azizi H., Wang Y. M. Improved DEA models for measuring

interval efficiencies of decision-making units [J]. Measurement, 2013, 46 (3): 1325 -1332.

[137] Fethi M. D., Pasiouras F. Assessing bank efficiency and performance with operational research and artificial intelligence techniques: A survey [J]. European Journal of Operational Research, 2010, 204 (2): 189 -198.

[138] Wang K., Huang W., Wu J., et al. Efficiency measures of the Chinese commercial banking system using an additive two-stage DEA [J]. Omega, 2014, 44 (2): 5 -20.

[139] An Q., Chen H., Wu J., et al. Measuring slacks-based efficiency for commercial banks in China by using a two-stage DEA model with undesirable output [J]. Annals of Operations Research, 2015, 235 (1): 13 -35.

[140] 樊晓宏. 考虑关联的交叉效率评价方法 [D]. 山西大学, 2016.

[141] Ruiz J. L., Sirvent I. On the DEA total weight flexibility and the aggregation in cross-efficiency evaluations [J]. European Journal of Operational Research, 2012, 223 (3): 732 -738.

[142] Wu J., Liang L., Zha Y. C. Determination of the weights of ultimate cross efficiency based on the solution of nucleolus in cooperative game [J]. Systems Engineering - Theory & Practice, 2008, 28 (28): 92 -97.

[143] 马建敏, 张文修, 朱朝晖. 基于信息量的序信息系统的属性约简 [J]. 系统工程理论与实践, 2010, 30 (9): 1679 -1683.

[144] 张文修，仇国芳．基于粗糙集的不确定决策［M］．北京：清华大学出版社，2005：109－113.

[145] 吴杰，梁樑，查迎春．基于核子解的最终交叉效率权系数确定方法［J］．系统工程理论与实践，2008（5）：92－97.

[146] Cooper W. W.，Park K. S.，Yu G. IDEA and AR－IDEA：models for dealing with imprecise data in DEA［J］. Management Science，1999，45（4）：597－607.

[147] 许皓．区间 DEA 理论方法及应用研究［D］．中国科学技术大学，2009.

[148] 郭均鹏，吴育华．区间数据包络分析的决策单元评价［J］．系统管理学报，2004，13（4）：339－342.

[149] Jahanshahloo G. R.，Matin R. K.，Vencheh A. H. On FDH efficiency analysis with interval data［J］. Applied Mathematics & Computation，2004，159（1）：47－55.

[150] Kao C. Interval efficiency measures in data envelopment analysis with imprecise data［J］. European Journal of Operational Research，2006，174（2）：1087－1099.

[151] 吴杰，梁樑．一种考虑所有权重信息的区间交叉效率排序方法［J］．系统工程与电子技术，2008，30（10）：1890－1894.

[152] 邢会歌，王卓甫．基于区间效率的决策单元排序方法研究［J］．科研管理，2010，31（3）：143－148.

[153] 昂胜．区间型交叉效率评价方法与加性多阶段 DEA 模型研究［D］．中国科学技术大学，2015.

[154] 冉金花．基于超效率和交叉效率的区间 DEA 模型研究

[D]. 重庆大学, 2014.

[155] 王科, 魏法杰. 区间 DEA 决策单元排序方法改进研究 [J]. 北京航空航天大学学报 (社会科学版), 2010, 23 (2): 79-82.

[156] 王美强, 梁樑. CCR 模型中决策单元的区间效率值及其排序 [J]. 系统工程, 2008, 26 (4): 109-112.

[157] 王科, 魏法杰. 三参数区间交叉效率 DEA 评价方法 [J]. 工业工程, 2010, 13 (2): 19-22.

[158] Wu J., Sun J., Liang L. Cross efficiency evaluation method based on weight-balanced data envelopment analysis model [J]. Computers & Industrial Engineering, 2012, 63 (2): 513-519.

[159] Parkan C., Wang Y. M. The worst possible relative efficiency analysis based on inefficient production frontier. Working Paper, Department of Management Sciences, City University of Hong Kong, 2000.

[160] Liu F. H. F., Chen C. L. The worst-practice DEA model with slack-based measurement [J]. Computers & Industrial Engineering, 2009, 57 (2): 496-505.

[161] Doyle J. R., Green R. H., Cook W. D. Upper and lower bound evaluation of multi-attribute objects: Comparison models using linear programming [J]. Organizational Behavior and Human Decision Processes, 1995, 64 (3): 261-273.

[162] Wang Y. M., Yang J B. Measuring the performances of decision-making units using interval efficiencies [J]. Journal of Computa-

tional and Applied Mathematics, 2007, 198 (1): 253 - 267.

[163] Azizi H., Wang Y. M. Improved DEA models for measuring interval efficiencies of decision-making units [J]. Measurement, 2013, 46 (3): 1325 - 1332.

[164] Azizi H., Jahed R. Improved data envelopment analysis models for evaluating interval efficiencies of decision-making units [J]. Computers & Industrial Engineering, 2011, 61 (3): 897 - 901.

[165] Wang Y. M., Chin K. S. Measuring the performances of decision-making units using geometric average efficiency [J]. Journal of the Operational Research Society, 2007, 58 (7): 929 - 937.

[166] Wang Y. M., Lan Y. X. Measuring Malmquist productivity index: A new approach based on double frontiers data envelopment analysis [J]. Mathematical & Computer Modelling, 2011, 54 (11 - 12): 2760 - 2771.

[167] Chin K. S., Wang Y. M., Poon G. K. K., et al. Failure mode and effects analysis by data envelopment analysis [J]. Decision Support Systems, 2009, 48 (1): 246 - 256.

[168] Azizi H., Kordrostami S., Amirteimoori A. Slacks-based measures of efficiency in imprecise data envelopment analysis: An approach based on data envelopment analysis with double frontiers [J]. Computers & Industrial Engineering, 2015, 79: 42 - 51.

[169] Wang Y. M., Chin K S. Fuzzy data envelopment analysis: A fuzzy expected value approach [J]. Expert Systems with Applications, 2011, 38 (9): 11678 - 11685.

[170] Amirteimoori A. DEA efficiency analysis: Efficient and anti-efficient frontier [J]. Applied Mathematics and Computation, 2007, 186 (1): 10 – 16.

[171] Jahed R., Amirteimoori A., Azizi H. Performance measurement of decision-making units under uncertainty conditions: An approach based on double frontier analysis [J]. Measurement, 2015, 69: 264 – 279.

[172] 陆志鹏，王洁方，刘思峰等. 区间 DEA 模型求解算法及其在项目投资效率评价中的应用 [J]. 中国管理科学，2009，17 (4): 165 – 169.

[173] Wang Y. M., Lan Y. X. Estimating most productive scale size with double frontiers data envelopment analysis [J]. Economic Modelling, 2013, 33: 182 – 186.

[174] Wu J., Sun J., Song M., et al. A ranking method for DMUs with interval data based on dea cross-efficiency evaluation and topsis [J]. Journal of Systems Science and Systems Engineering, 2013: 1 – 11.

[175] Cho S., Kim J. Y. Straightness and flatness evaluation using data envelopment analysis [J]. International Journal of Advanced Manufacturing Technology, 2012, 63 (5 – 8): 731 – 740.

[176] Sueyoshi T., Goto M., Snell M. A. DEA environmental assessment: Measurement of damages to scale with unified efficiency under managerial disposability or environmental efficiency [J]. Applied Mathematical Modelling, 2013, 37 (s 12 – 13): 7300 – 7314.

[177] Inuiguchi M., Mizoshita F. Qualitative and quantitative data envelopment analysis with interval data [J]. Annals of Operations Research, 2012, 195 (1): 163-174.

[178] Yang X., Morita H. Efficiency improvement from multiple perspectives: An application to Japanese banking industry [J]. Omega, 2013, 41 (3): 501-509.

[179] Sueyoshi T., Goto M. DEA approach for unified efficiency measurement: Assessment of Japanese fossil fuel power generation [J]. Energy Economics, 2011, 33 (2): 292-303.

[180] Jiang J. L., Chew E. P., Lee L. H., et al. DEA based on strongly efficient and inefficient frontiers and its application on port efficiency measurement [J]. OR Spektrum, 2012, 34 (4): 943-969.

[181] 李兆琼, 梁樑, 夏琼, 杨锋. 考虑两种包络面的熵 DEA 效率评价模型 [J]. 系统工程, 2010, 28 (4): 68-73.

[182] Avkiran N. K., Tone K., Tsutsui M. Bridging radial and non-radial measures of efficiency in DEA [J]. Annals of Operations Research, 2008, 164 (1): 127-138.

[183] Tone K. A slacks-based measure of efficiency in data envelopment analysis [J]. European Journal of Operational Research, 2001, 130 (3): 498-509.

[184] Hu J. L., Wang S. C. Total-factor energy efficiency of regions in China [J]. Energy Policy, 2006, 34 (17): 3206-3217.

[185] Tyteca D. Linear Programming models for the measurement of environmental performance of firms concepts and empirical results [J].

Journal of Productivity Analysis, 1997, 8 (2): 183 – 197.

[186] Zhou P., Ang B. W., Poh K. L. Slacks-based efficiency measures for modeling environmental performance [J]. Ecological Economics, 2006, 60 (1): 111 – 118.

[187] Zhou P., Ang B. W., Poh K. L. A survey of data envelopment analysis in energy and environmental studies [J]. European Journal of Operational Research, 2008, 189 (1): 1 – 18.

[188] Seiford L. M., Zhu J. Modeling undesirable factors in efficiency evaluation [J]. European Journal of Operational Research, 2002, 142 (1): 16 – 20.

[189] Färe R., Grosskopf S., Pasurka C., Lovell C. A K., et al. Multilateral productivity comparisons when some outputs are undesirable: a nonparametric approach [J]. Review of Economics and Statistics, 1989, 71 (1): 90 – 98.

[190] Färe R., Grosskopf S., Hernandez – Sancho F. Environmental performance: an index number approach [J]. Resource & Energy Economics, 2004, 26 (4): 343 – 352.

[191] Zhou P., Ang B. W., Poh K. L. A survey of data envelopment analysis in energy and environmental studies [J]. European Journal of Operational Research, 2008, 189 (1): 1 – 18.

[192] Färe R., Grosskopf S., Lovell C. A. K., et al. Multilateral productivity comparisons when some outputs are undesirable: a nonparametric approach [J]. The Review of Economics and Statistics, 1989, 71 (1): 90 – 98.

[193] Tone K., Tsutsui M. An epsilon-based measure of efficiency in DEA – A third pole of technical efficiency [J]. European Journal of Operational Research, 2010, 207 (3): 1554 – 1563.

[194] 刘思峰，蔡华，杨英杰，等. 灰色关联分析模型研究进展 [J]. 系统工程理论与实践，2013，33 (8): 2041 – 2046.

[195] 张军，吴桂荣，张吉鹏. 中国省际物质资本存量估算：1952 – 2000 [J]. 经济研究，2004 (10): 35 – 44.

后　记

光阴似箭，转眼之间博士毕业已有两年，以我的博士学位论文为核心的专著就要出版了。

在本书即将出版之际，首先要感谢我的硕士、博士导师李常洪教授！我于2004年师从李老师攻读硕士研究生，2007年硕士毕业留校工作后又于2012年再次跟随李老师攻读博士。十几年来，李老师以他博大精深的学识造诣、敏锐的学术洞察力和严于律己淡泊名利的大师风范，始终给予我最大的鼓励和指导。本书的出版凝聚着李老师的心血和汗水。

本书的完成还要感谢山西大学经济与管理学院管理科学与工程学科负责人刘维奇教授、张信东教授长期以来的关心和帮助。

在本书的写作过程中，山西大学经济与管理学院研究生岳未祯、陈静、樊晓宏、肖慧、李阿妮、田璇、赵苗、赵园园等同学给予了我很大的帮助，在此一并表示感谢。

本书是在山西省“1331工程”重点创新团队建设计划（2017）的资助下完成的，在此对管理与决策创新团队负责人张信东教授的支持再次表示感谢！

本书得以出版，还要感谢经济科学出版社的张庆杰老师。张庆杰老师高效、严谨的工作作风令我钦佩。在张庆杰老师的帮助下，本书在语言及格式方面有了极大的改善，在此对张庆杰老师表示诚挚的谢意！

吴美琴
2019 年 7 月